현직 교사가 알려 주는

문해력 50
플러스

현직 교사가 알려 주는

문해력 50
플러스

**초등 시크릿
독서 교육**

배혜림 지음

더 디퍼런스

프롤로그

지난 20여 년간 국어 교사로서 학교 현장에서 많은 아이들을 만났습니다. 그중 수업 시간에 어려움을 겪는 아이들을 살펴보니 교과서에 나오는 어휘의 뜻을 몰라 수업을 따라가지 못하는 경우가 많았습니다. 그러다 보니 수업 시간에 공부해야 할 내용이 있는데도 어휘를 설명하는 데 시간을 더 많이 소요하기도 했습니다. 그렇게 하지 않으면 아이들이 수업 내용을 제대로 이해할 수 없었으니까요.

어휘력이 부족하면 공부를 하는 데 남들보다 더 많은 시간이 필요합니다. 간혹 아이가 공부하는 시간이 오래 걸린다거나 공부한 만큼 성과가 나오지 않는다고 걱정하는 학부모를 만납니다. 그때마다 저는 가장 먼저 자녀의 어휘력을 체크해 보라고 말합니다.

요즘 '문해력'이 대세입니다. 문해력은 글의 내용을 이해하고 분석하는 능력이지요. 어떤 것을 공부하더라도 글을 제대로 읽어 내는 힘이 없다면 정확히 이해할 수 없고, 좋은 성과를 이루기 어렵습니다. 이 문해력을 위한 첫발이 어휘력을 키우는 것입니다. 모르는 단어가 나오면 그 문장 전체의 의미를 정확히 파악하는 것이 어렵기 때문입니다. 언어는 우리가 사고를 형성하고 표현하는 핵심적인 수단이며, 어휘력은 그 수단을 다루는 능력입니다. 따라서 어휘력이 탄탄한 아이들은 제대로 된 문해력을 키울 수 있습니다.

그런데 어휘력은 단순히 단어를 많이 외우거나 그 단어의 뜻을 안다고 자라는 것은 아닙니다. 단기간에 자라지도 않습니다. 그러나 확실한 것은 꾸준하게 공부하면 계속 자란다는 것입니다. 무엇보다 탄탄한 문해력을 갖추기 위해서는 글의 맥락을 이해하고 문장의 구조와 관계를 파악하는 능력이 필요합니다. 다양한 주제의 책을 꾸준히 읽어야 한다는 뜻이지요. 이때는 아이들이 재미있고 즐겁게 읽을 만한 책을 고르는 것이 중요합니다. 아이들의 독서에는 '재미'가 필수 요소거든요.

혹 우리 아이의 어휘력이 부족하다는 생각이 들면 제 학년보다 낮은 학년의 책으로 독서 활동을 하고, 어휘력을 더 키우고 싶다면 제 학년의 책으로 독서 활동을 시작해서 조금씩 단계를 높여 나가면 됩니다.

이 책은 우리 아이들이 다양한 독서 활동을 통해 어휘력을 쌓고, 나아가 문해력을 키울 수 있는 도서 50권을 선정해 구성했습니다. 재미있게 읽을 수 있는 동화책도 있고, 학습서처럼 문제를 풀며 공부해야 하는 책도 있습니다. 모두 초등 교과서 속에 담겨 있는 책입니다. 아이들이 수업 시간에 이미 접해 본 책이어서 천천히 읽어 나가다 보면 어휘력과 문해력은 물론, 스스로 공부하는 습관도 만들어 갈 수 있습니다. 탄탄한 어휘력을 바탕으로 학습 내용을 잘 이해하고 분석해서 자신의 것으로 내면화할 수 있기 때문입니다.

당장 눈에 띄는 실력이 드러나지 않더라도 조바심을 내지 말아 주세요. 우리 아이가 걸어가야 할 학교생활은 깁니다. 천천히 아이의 속도에 맞춰 가다 보면 가랑비에 옷 젖듯이 조금씩 아이의 어휘력과 문해력이 성장하는 걸 느끼게 될 것입니다. 아이의 학습 과정에서 얼마나 잘했는지, 몇 등을 했는지보다 중요한 것은 스스로 공부에 만족하는 것입니다. 그래야 다음 단계로 도약할 수 있습니다. 그리고 진정으로 공부하는 재미를 느낄 수 있습니다. 이 책이 그 길을 안내할 것입니다.

책을 쓸 때마다 곁에서 응원해 주는 가족, 책을 출간할 기회를 주신 더디퍼런스 대표님께 감사한 마음을 전합니다. 그리고 이 책이 아이들의 어휘력과 문해력을 키우는 데 도움이 되길 바랍니다.

국어 교사 배혜림

CONTENTS

현직 교사가 알려 주는 문해력 플러스 50

초등 저학년

현직 교사가 알려 주는
문해력 플러스 50 　　　　　　　　 초등 중학년

현직 교사가 알려 주는
문해력 플러스 50

초등 고학년

1. 교과서 수록 도서

2. 교과 연계 도서

이 책의 활용법

칠칠 간다 ★YES24 올해의 책 후보 도서(2008)

글, 그림 권정생, 김용철 출판사 국민서관 연계 교과 국어 2-2 1. 장면을 떠올리며

책 속으로

산골 외딴집에 할아버지와 할머니가 산다. 할머니는 할아버지가 밤에서 일하고 돌아오면 재미있는 이야기를 해 달라고 한다.

어느 날 할머니가 할아버지에게 무명 한 필을 주고 이야기 한 자리와 바꿔오라고 한다. 어느 마을 앞에서 코가 빨간 아저씨가 무명을 사겠다고 한다. 그때 건너편 논에 커다란 황새 한 마리가 날아온다. 코가 빨간 아저씨는 황새의 모습을 보고 이야기한다. 할아버지는 코가 빨간 아저씨의 말을 따라 하며 이야기를 외운다.

할아버지가 밤에 집에 도착하자 할머니는 할아버지에게 이야기를 묻는다. 할아버지는 할머니에게 낮에 들은 이야기를 들려준다. 할아버지가 이야기를 시작할 때 집에 도둑이 들어온다. 할아버지가 그때, 칠칠 온다고 이야기하자 도둑이 놀라 부엌으로 간다. 할아버지는 또 성큼성큼 걷는다고 말하고 할머니도 그 말을 따라 한다. 도둑이 또 놀라 두리번거리자 할아버지가 기웃기웃 살핀다고 말하고 할머니가 그 말을 또 따라 한다. 도둑이 부엌의 음식을 먹으려 하자 할아버지가 꼭 집어먹는다고 또 할머니도 따라 한다.

갑자기 할아버지가 큰 소리로 "에끼, 이놈" 하고 소리치자 도둑은 놀라 달아난다.

시크릿한 책 속 이야기

이 글을 쓴 권정생 선생님은 유명한《강아지똥》을 쓴 작가예요. 사소하고 하찮은 '강아지똥'조차 가치를 가지고 있다는 것을 발견한 멋진 작가요.

이 작품에서도 멋진 가치를 발견했어요. 그것은 바로 우리말의 가치예요. 우리말이 아니면 흉내 내는 말이 이렇게 다양하게 표현될 수 있을까요? 우리

020 현직 교사가 알려 주는 문해력 플러스 50

1 교과서와 연계된 학습 과정입니다.
2학년 1학기는 2-1, 3학년은 3으로 적었습니다.

2 '책 속으로'는 줄거리를 요약한 부분이에요.
아이의 시각에서나
주인공이 1인칭으로 이야기를 이끌어 가는 글은
1인칭 시점으로 이야기를 풀어냈답니다.

3 교육 현장에서 아이들과 함께 생활하는
교사의 시각에서 풀어낸 감상평입니다.
책의 숨은 의미, 추천 이유,
독후 활동 방향 등을 담았습니다.

4 부모와 아이가 함께
인문학적 소양을 넓힐 수 있는
독후 활동입니다.
'문해력' 향상을 위한
다양하고 재미있는 활동으로 구성했습니다.

부모와 아이의 인사이트 확장을 위한 TIP

• 아이와 여러 가지 사회 현상의 법칙에 대해 이야기를 나눠 보세요. 책에 있는 법칙뿐만 아니라 아이만의 법칙에 대해서도 이야기를 나눠 보세요.

1. 너만 가지고 있는 법칙은 무얼까?

2. 어떤 때 그렇게 느꼈어?

198 현직 교사가 알려 주는 문해력 플러스 50

현직 교사가 알려 주는

문해력 플러스 50
─초등 저학년

숨바꼭질 ㄱㄴㄷ　★제2회 앤서니 브라운 신인 작가 그림책 공모전 당선

글, 그림 김재영　출판사 현북스　연계 교과 국어 1-1 2. 재미있게 ㄱㄴㄷ

책 속으로

　　ㄱ부터 ㅎ까지 쪽마다 관련된 동물을 찾는 활동으로 구성되어 있다. 왼쪽 면에는 동물의 무늬와 색깔로, 오른쪽 면에는 수수께끼와 자음으로 어떤 동물인지 귀띔한다. 다음 쪽을 넘기면 그 동물이 나온다. 자음에는 구멍이 뚫려 있어서 앞쪽 그림과 연결된다.

　　예를 들어, ㄱ이라면 첫 장에 노란 바탕과 황토색 무늬가 그려져 있다. 오른쪽 면에 노란 바탕에 갈색 점을 갖고 키다리에 목이 긴 것이 누구인지 짐작하게 한다. 가운데에는 커다랗게 ㄱ으로 구멍이 뚫려 있다. 한 장을 넘기면 왼쪽 면에는 기린이 그려져 있고, 오른쪽 면에는 길쭉길쭉한 '기린'이라는 글씨와 함께 'ㄱ' 글자가 제시된다.

　　이렇게 ㄱ부터 ㅎ까지 모두 익히고 나면 한꺼번에 모든 자음을 확인하며 자음 공부를 정리한다.

시크릿한 책 속 이야기

한글을 배우기 위해서는 자음과 모음을 알아야 해요. 초등 저학년이라면 말은 할 수 있지만 아직 글자를 읽지 못하거나 쓰지 못할 수도 있어요.

한글은 자음과 모음이 합쳐져서 무궁무진한 글자를 만들 수 있는 멋진 글자예요. 이렇게 자음과 모음을 자유자재로 다루려면 자음과 모음을 충분히 알고 이해해야 하죠. 특히 한글을 익히려면 이야기를 통해 낱글자를 익히는 것이 좋아요.

한글을 익힐 때는 문장, 단어, 글자, 낱자의 순으로 가르쳐 주세요. 어렵다고요? 걱정하지 마세요. 책을 읽어 주는 것이 바로 이 순서를 따르는 것이거든요. 이렇게 글자를 천천히 읽어 주면 어느 순간 읽기 독립이 완성됩니다. 특히 이렇게 낱자를 알려 주는 글자의 모양을 따라가다 보면 어느새 자음을 잘 알고 특징을 잘 이해할 수 있을 거예요.

부모와 아이의 인사이트 확장을 위한 TIP

- 주위의 사물을 이용해서 자음 만들기 놀이를 해 보세요. 종이테이프는 잘
  붙고 잘 떨어져요. 종이테이프를 사물에 붙여 글자를 만드는 거죠.
  책의 테두리를 따라 붙여서 'ㅁ'을 만들고, 숟가락에 테이프를 붙여 'ㅇ'을
  만들 수도 있어요. 또, 몸으로 자음을 만드는 놀이도 재미있어요. 허리를
  숙여 'ㄱ'을 만들고, 바닥에 앉아 'ㄴ'을 만드는 거예요.
  이렇게 활동과 함께 교과서에 제시된 다양한 기초 자모음을 익힐 수 있는
  그림책도 함께 보세요. 쉽게 한글을 익힐 수 있을 거예요.

- 《표정으로 배우는 ㄱㄴㄷ》, 솔트앤페퍼, 소금과후추(킨더랜드)
  한글 자음 14글자를 이용해 재미있는 표정을 만들어 한글에 대한 호기심을 자극하는 책

- 《동물친구 ㄱㄴㄷ》, 김경미, 웅진주니어
  한글 자음 14글자를 동물의 모양과 연결해 다양한 방법으로 상상력을 자극하는 책

- 《생각하는 ㄱㄴㄷ》, 이보나 흐미엘레프스카, 논장
  한글 자음 14글자를 떠올릴 수 있는 많은 모양을 보여 주어 자음을 익숙하게 해 주는 책

- 《손으로 몸으로 ㄱㄴㄷ》, 전금하, 문학동네
  한글 자음 14글자와 함께 점자까지 익힐 수 있도록 구성한 책

- 《소리치자 가나다》, 박정선, 비룡소
  생활 속에서 자주 쓰는 말, 친숙한 단어들을 '가'부터 '하'까지 제시해 한글을 재미있게 접할 수 있는 책

동동 아기 오리

글, 그림 권태응, 김성민   출판사 다섯수레   연계 교과 국어 1-1 6. 받침이 있는 글자

책 속으로

> 엄마 오리와 아기 오리가 연못에 동동 떠 있는 모습을 4연 8행의 동시로 나타낸 책이다. 크게 몸놀이, 말놀이, 배움놀이의 세 부분으로 구성되어 있다.
>
> 엄마 오리의 모습은 큰 글자로, 아기 오리의 모습은 작은 글자로 나타내 글자 크기로 느낌을 나타낸다. 동동, 둥둥 등 특히 'ㅇ' 받침의 사용이 도드라지는 시다. 글밥도 적고, 쪽수도 적어 그림을 보면서 글의 맛을 충분히 익히며 읽을 수 있다.

시크릿한 책 속 이야기

책에는 우리 고유의 놀이 노래와 동시, 동요가 따뜻하고 생동감 넘치는 그림과 함께 펼쳐져요.

연못에 나온 엄마 오리와 아기 오리들의 모습이 재미있는 의성어와 의태어로 표현되어 있어요. 엄마 오리의 모습은 음성 모음인 'ㅜ, ㅓ'를 사용하여 큰 느낌을 주고, 아기 오리의 모습은 양성 모음인 'ㅗ, ㅏ'를 사용하여 작고 귀여운 느낌을 주지요. 이렇게 의성어나 의태어를 사용할 때 양성 모음을 사용하느냐, 음성 모음을 사용하느냐에 따라서 말의 느낌이 달라져요.

시에 나온 의성어와 의태어를 읽으며 언어 능력을 키울 수 있어요. 어릴 때는 모양이나 소리를 흉내 낸 말들을 많이 읽어야 어휘력이 늘어요. 이 말들은 발음을 연습하는 데도 많은 도움이 돼요.

저학년 때는 의성어나 의태어가 많이 담긴 동시나 동요를 소리 내서 많이 읽혀 주세요. 이것은 어휘력을 향상시키고 발음을 교정하는 데 큰 도움이 된답니다.

부모와 아이의 인사이트 확장을 위한 TIP

• 'ㅇ' 받침을 사용하는 의성어와 의태어에는 어떤 것이 있을까요?
대롱대롱, 풍덩, 콩닥콩닥, 달랑달랑, 뒤뚱뒤뚱, 덩실덩실, 방긋방긋, 엉금
엉금, 아장아장, 조롱조롱, 맹꽁맹꽁, 포로롱, 어슬렁어슬렁, 구불텅구불텅,
앙앙, 엉엉, 콩콩, 쿵쿵, 쾅쾅, 동동동, 둥둥둥 등 생각보다 많은 단어가 있

9칸 빙고

어요. 아이와 함께 'ㅇ' 받침을 사용하는 단어들을 찾아보고 그것으로 빙고를 해 보세요. 아직은 어리니 9칸 빙고로 시작해서 아이가 잘한다면 16칸 빙고도 도전합니다.

빙고에서 이기면 뭘 할지 이야기를 나누는 것도 즐거운 경험이 될 거예요.

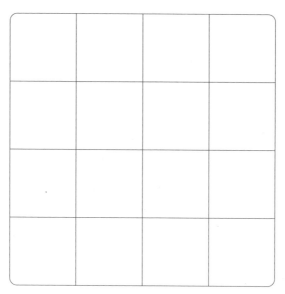

16칸 빙고

훨훨 간다 ★YES24 올해의 책 후보 도서(2003)

글, 그림 권정생, 김용철 출판사 국민서관 연계 교과 국어 2-2 1. 장면을 떠올리며

책 속으로

산골 외딴집에 할아버지와 할머니가 산다. 할머니는 할아버지가 밭에서 일하고 돌아오면 재미있는 이야기를 해 달라고 한다.

어느 날 할머니가 할아버지에게 무명 한 필을 주고 이야기 한 자리와 바꿔오라고 한다. 어느 마을 앞에서 코가 빨간 아저씨가 무명을 사겠다고 한다. 그때 건너편 논에 커다란 황새 한 마리가 날아온다. 코가 빨간 아저씨는 황새의 모습을 보고 이야기한다. 할아버지는 코가 빨간 아저씨의 말을 따라 하며 이야기를 외운다.

할아버지가 밤에 집에 도착하자 할머니는 할아버지에게 이야기를 묻는다. 할아버지는 할머니에게 낮에 들은 이야기를 들려준다. 할아버지가 이야기를 시작할 때 집에 도둑이 들어온다. 할아버지가 그때, 훨훨 온다고 이야기하자 도둑이 놀라 부엌으로 간다. 할아버지는 또 성큼성큼 걷는다고 말하고 할머니도 그 말을 따라 한다. 도둑이 또 놀라 두리번거리자 할아버지가 기웃기웃 살핀다고 말하고 할머니가 그 말을 또 따라 한다. 도둑이 부엌의 음식을 먹으려하자 할아버지가 콕 집어먹는다고 하고 할머니도 따라 한다.

갑자기 할아버지가 큰 소리로 "예끼, 이놈" 하고 소리치자 도둑은 놀라 달아난다.

시크릿한 책 속 이야기

이 글을 쓴 권정생 선생님은 유명한 《강아지똥》을 쓴 작가예요. 사소하고 하찮은 '강아지똥'조차 가치를 가지고 있다는 것을 발견한 멋진 작가죠.

이 작품에서도 멋진 가치를 발견했어요. 그것은 바로 우리말의 가치예요. 우리말이 아니면 흉내 내는 말이 이렇게 다양하게 표현될 수 있을까요? 우리

말은 어떤 언어보다 다양하게 표현할 수 있답니다.

이 책에서도 기웃거리고, 콕 집어먹고, 훨훨 가는 것처럼 짧고 단순한 말이 이어져요. 그것이 모여서 이야기가 되고, 그 이야기가 되풀이되면서 원래의 이야기와 전혀 다른 엉뚱한 뜻이 되는 과정이 재미있게 담겨 있어요.

특히 동일한 음절을 반복해서 읽는 아이들에게 흥미를 유발해, 한글을 막 읽기 시작하는 아이들이 우리말의 재미를 느낄 수 있어요.

책을 읽을 때 밋밋하게 읽지 말고, 책 속의 표현을 실제로 온몸으로 표현하면서 읽게 해 주세요. 그러면 더욱 재미있게 읽을 수 있을 거예요.

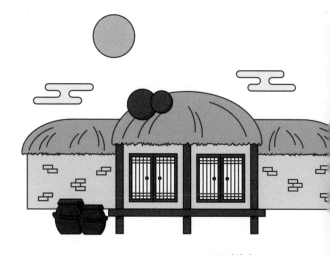

부모와 아이의 인사이트 확장을 위한 TIP

- 어떤 책보다도 생동감 있게 읽을 수 있는 책이에요. 할아버지가 말하는 부분을 엄마가 큰 소리로 실감나게 읽어 주고, 아이에게 그 행동을 따라 하게 해 보세요. 특히, 마지막 "예끼, 이놈" 할 때는 큰 소리로 요란스럽게 읽는 거예요. 아마 아이는 깔깔 웃으며 까무러칠 거예요. 이런 즐거운 경험이 책을 즐겨 읽게 만들고, 더 나아가 문해력을 키울 수 있도록 돕는답니다.

42가지 마음의 색깔 ★8년 연속 스페인 아마존 베스트 셀러 1위

글 크리스티나 누녜스 페레이라, 라파엘 R. 발카르셀 출판사 레드스톤 연계 교과 국어 2-2
1. 장면을 떠올리며

책 속으로

포근함 ― 사랑 ― 미움 ― 화 ― 짜증 ― 긴장 ― 안심 ― 차분함 ― 행복 ―
기쁨 ― 슬픔 ― 측은함 ― 후회 ― 뉘우침 ― 부끄러움 ― 불안 ― 소심함 ―
당황 ― 두려움 ― 놀람 ― 역겨움 ― 반감 ― 너그러움 ― 몰이해 ― 외로움 ―
고독 ― 그리움 ― 우울함 ― 따분함 ― 희망 ― 열정 ― 신남 ― 포기 ― 실망 ―
좌절 ― 감탄 ― 샘 ― 바람 ― 만족 ― 자랑 ― 즐거움 ― 감사의 42가지 감정에 대
해 왼쪽 면에 설명하고, 오른쪽 면에 감정에 해당하는 삽화를 그렸다.

'짜증'이라는 감정이라면 짜증이 날 때의 상황을 제시하고, 짜증이 났을 때
웃을 수 없다거나 긴장하는 등 일어나는 일을 설명한다. '짜증'에 대한 설명이
끝나면 '긴장'이라는 다음 쪽에서 설명할 감정으로 마무리한다.

그리고 다음 쪽을 펼치면 '긴장'에 대해 짜증과 같은 형태로 설명해서 42가
지의 감정이 꼬리에 꼬리를 물고 이어진다.

시크릿한 책 속 이야기

총 42가지의 감정이 아이의 눈높이로 그려져 있어요. 따스한 삽화와 감정을 설명하는 글을 읽으면 아이를 향한 사랑의 마음이 느껴지는 책이에요.

하루에 2가지씩 아이와 함께 읽고 그 감정에 대해 이야기를 나눠 보세요. 아이도 부모님도 정확한 어휘를 몰라서 자신의 감정을 제대로 표현하지 못했던 경험이 한 번쯤 있을 거예요. 그런 감정을 책을 통해서 확실하게 들여다보고 이야기를 나눌 수 있어요. 이렇게 감정의 이름을 알면 다음에 비슷한 감정을 느꼈을 때 온전히 표현할 수 있을 거예요.

책을 읽다 보면 아이가 이해하기 어려운 감정도 있을 거예요. 그때는 책을 그대로 읽어 주기보다는 아이가 이해할 수 있게 다양한 예시를 말해 주고, 이런 감정을 느끼는 상황에 대해 이야기를 나눠 보세요.

어른도 자신의 감정을 정확하게 무어라 표현해야 할지 모를 때가 종종 있어요. 감정을 명확하게 표현하는 것도 어휘력을 위한 중요한 요소예요. 이 책을 읽으며 아이도 부모님도 막연하게 생각했던 자신의 감정을 제대로 알 수 있을 거라 생각해요. 그러면 그 감정을 어떻게 다루어야 자신에게 도움이 될지도 알게 되겠지요.

부모와 아이의 인사이트 확장을 위한 TIP

• 이 책을 읽고 감정 일기 쓰기를 추천합니다. 감정 일기는 하루 동안 있었던 일을 떠올리고 그중 한 가지 사건이나 생각, 감정을 쓰는 거예요. 감정 일기를 쓰는 순서는 처음 사건을 쓰고, 그에 대한 내 생각, 그 생각에 대한 감정, 그 감정으로 인한 행동과 결과를 쓰면 됩니다. 이때 감정은 최대한 자세하게 객관적으로 쓰는 것이 좋아요.
아이들은 생각을 글로 쓰는 것은 아직 힘드니 우선 아이와 이야기를 나누는 것부터 시작해 보세요. 생각을 정리할 수 있게 되면 그 생각을 글로 써보게도 하고요.
다음의 틀에서 감정에 해당하는 부분을 이 책에서 찾는 거죠. 물론 이 틀을 그대로 사용할 필요는 없지만, 이 틀에 맞게 아이와 이야기를 나누다 보면 자연스럽게 감정 일기를 쓸 수 있을 거예요.

사건: _____

생각: _____

감정: _____

행동: _____

결과: _____

_____

아홉 살 마음 사전 ★YES24 올해의 책 선정 도서(2017)

글, 그림 박성우, 김효은   출판사 창비   연계 교과 국어 2-2 4. 인물의 마음을 짐작해요

책 속으로

> 감정을 주제로 어떨 때 이런 마음이 드는지 아이들의 입장에서 설명한다.
> 감격스럽다, 걱정스럽다, 고맙다, 괜찮다 등 아이들의 마음을 표현하는 80가지 단어를 가나다 순으로 구성하여 국어사전처럼 만들었다.
> 내 마음을 표현하는 말이 나오고, 그 말의 뜻과 그 말을 사용할 만한 상황을 그림과 함께 제시한다. 마지막으로 그 말로 마음을 표현할 수 있는 다른 상황도 안내한다. 자신이 지금 상황에서 갖는 마음을 어떤 단어로 표현해야 할지 모를 때 도움을 받을 수 있다.
> '사전'이라는 제목처럼 처음부터 끝까지 순서대로 책을 읽을 것이 아니라 하루에 하나씩, 또는 어떤 기분이 들 때 그 기분을 표현하려면 어떤 단어를 사용해야 하는지 찾는 용도로 사용하기를 추천한다.

시크릿한 책 속 이야기

이 책에는 초등 저학년 아이들이 일상생활에서 활용할 수 있는, 마음을 표현하는 80개의 단어가 그림과 함께 사전 형태로 담겨 있어요. 이 책을 읽으면서 자기 마음을 정확하게 이해하고 표현하면서 더 다양한 감정을 알게 될 거예요.

우리는 많은 단어를 알고, 또 사용하는 것처럼 생각하지만 실제로 사용하는 어휘의 수를 세 보면 그렇게 많지 않답니다. 주로 사용하는 몇 개의 단어만 반복해서 사용하거든요.

어휘를 다양하게 사용하고 싶다면 다양한 어휘를 알아야 해요. 특히 감정을 나타내는 단어를 많이 알아야 해요. 그래야 자신의 마음을 정확하게 표현할 수 있어요.

많은 아이들이 아직 표현이 서투르고, 자신의 감정을 어떤 단어로 표현해야 할지 몰라요. 그래서 엉뚱한 단어를 사용하거나 다른 방식으로 자신의 감정을 뱉는 아이들이 많아요. 자기 감정을 제대로 표현하지 못해 답답해 하는 아이들도 있고요.

"네가 느끼는 그 감정은 이렇게 표현할 수 있어."라고 아이에게 설명하며 마음을 다독여 준다면 부모와 자녀의 관계가 더 다정해지지 않을까요?

부모와 아이의 인사이트 확장을 위한 TIP

• 오늘 나의 감정을 하나 고르고, 그걸로 3줄 일기를 써 볼까요?

| 년 | 월 | 일 | 요일 | 날씨: |

- 이 책을 읽고 아이와 감정에 대해 다양한 이야기를 나눌 수 있을 거예요. 이 책 외에도 다른 작품을 함께 봐요.

- 《아홉 살 함께 사전》 박성우 글, 김효은 그림, 창비
- 《아홉 살 느낌 사전》 박성우 글, 김효은 그림, 창비
- 《아홉 살 내 사전》 박성우 글, 김효은 그림, 창비
- 《아홉 살 마음 카드 : 감정편》 박성우 글, 김효은 그림, 창비
- 《아홉 살 함께 카드 : 관계·소통편》 박성우 글, 김효은 그림, 창비
- 《아홉 살 느낌 카드 : 감각편》 박성우 글, 김효은 그림, 창비

깊은 산속 옹달샘 누가 와서 먹나요

글, 그림 윤석중, 윤봉선 출판사 예림당 연계 교과 국어 1-1 4. 글자를 만들어요

책 속으로

> 동요로도 유명한 명곡이 많은 시인의 동시집이다. 동명의 노래를 쓴 시인이
> 바로 윤석중 시인이다. 총 15편의 시가 담겨 있다. 어린아이의 목소리로 노래
> 하고자 한 시인의 노력이 돋보인다.

시크릿한 책 속 이야기

총 15편의 작품에는 아이들의 동심, 세상을 향한 작가의 따스한 마음이 담겨 있어요. 마치 노래하듯 시를 쓴 윤석중 시인은 아동 문학계 거장으로 어린이를 위한 동요와 동시 창작에 평생을 바친 분이에요.

〈낮에 나온 반달〉, 〈기찻길 옆〉, 〈옹달샘〉, 〈날아라 새들아〉, 〈빛나는 졸업장〉, 〈나란히 나란히〉 등 제목만 봐도 노래가 저절로 떠오르는 동요이지 않나요? 이 책은 이 동요의 가사인 동시를 쓴 작가의 동시집이에요.

시인은 국민 정서에 기여한 공로를 인정받아 1978년 '라온막사이사이상'을 수상하고, 1983년 '세종문화상'을 수상했어요.

동요는 반복된 표현으로 운율감이 느껴지고 유쾌하고 재미있게 따라 부를 수 있답니다. 우리말의 아름다움이 흠뻑 담겨 있어요. 작가가 정성스럽게 빚은 말과 반복적인 문장, 생동감 넘치는 의성어와 의태어의 조화가 명랑하게 느껴지는 시집을 아이와 함께 소리 내서 읽어 보세요. 아이보다 먼저 우리말의 아름다움에 퐁당 빠져 버릴지도 몰라요.

부모와 아이의 인사이트 확장을 위한 TIP

- 요즘에는 학생들도 가요를 많이 불러 동요를 모르는 아이들이 많아요. 하지만 동요에는 아름다운 우리말이 담겨 있고, 동심을 자극하는 가사가 많아요. 어린아이들일수록 동요를 많이 불러야 동심이 살아나지요.
  〈낮에 나온 반달〉, 〈기찻길 옆〉, 〈옹달샘〉, 〈날아라 새들아〉, 〈빛나는 졸업장〉, 〈나란히 나란히〉 등 윤석중 시인의 노래를 아이와 함께 불러 보는 건 어떨까요?

글자동물원 ★세종도서 우수도서(2016)

글, 그림 이안, 최미란 출판사 문학동네 연계 교과 국어 1-1 6. 받침이 있는 글자

책 속으로

짧고 귀여운 50편의 동시가 담겨 있는 동시집이다.

1부 〈른자동롬원〉, 2부 〈버섯 방귀〉, 3부 〈오리는 배가 고파〉, 4부 〈구름 붕붕〉으로 구성되어 있다. 목차마다 시에 아이들의 웃음을 담아 두고 싶은 시인의 바람이 가득 담겨 있다. 특히, 교과서에도 수록된 첫 번째 작품인 〈른자동롬원〉은 바로 해도 거꾸로 뒤집어도 의미가 통하는 한글로 만든 단 두 줄짜리 동시이다.

시크릿한 책 속 이야기

이 시의 마지막 행을 읽고 곰이 문을 열어야지 문이 곰을 연다는 표현에 깜짝 놀랐을 거예요. 이상한 문장에 몇 번을 다시 읽기도 했을 거고요. 저도 마지막 쪽의 그림을 보면서 이게 뭔가 한참 고민했거든요.

초등학생 때 '문'을 쓰고 거꾸로 보면서 '곰'이라고 장난쳤던 기억이 있나요? 저는 어렸을 때 친구들과 바로 해도, 거꾸로 해도 말이 되는 글자들을 찾았던 기억이 있어요.

이 책도 그런 책이랍니다. 이 책은 ㅁ, ㄹ, ㅇ, ㅡ, ㅗ, ㅜ 등 바로 해도 거꾸로 뒤집어도 뜻이 통하는 한글로 책의 내용이 이루어져 있어요. 이런 상상이 가능한 것은 아직 아이들이기 때문이에요. 어른이 되면 사물을 엉뚱하게 바라보려고 하지 않아요. 자신이 가진 생각을 바꾸기가 쉽지 않지요.

하지만 아이들은 달라요. 멀쩡한 글자를 뒤집어서 다른 뜻을 가진 글자를 만들고, 엉뚱하게 생긴 글자를 보면서 깔깔 웃기도 하거든요.

부모와 아이의 인사이트 확장을 위한 TIP

• 포스트잇을 준비해 주세요. 포스트잇에 바로 써도, 거꾸로 돌려도 글자가 되는 낱말 찾아 쓰는 거예요. 제가 찾은 낱말은 '물-롬', '몰-룸', '응-응', '용-융', '금-믄', '긍-은'이 있어요. 이 외에도 훨씬 더 많은 낱말이 있을 거예요.

이때 아이에게 자음과 모음 중에서 바로 써도, 거꾸로 써도 되는 것들을 알려 주면 좀 더 쉽게 찾을 수 있어요. 이 과정에서 자연스럽게 자음과 모음에 대해서도 익힐 수 있죠.

1분 동안 포스트잇에 하나씩 쓰고 누가 제일 많이 찾았는지 벽에 하나씩 붙이면서 세 보세요. 더 많이 찾은 사람이 이기는 거예요. 아이보다 한두 개 적게 찾아 아이가 게임에서 이기게 하면 더욱 신나 할 거예요.

아이

물 － 롬

엄마

금 － 믄

까르르 깔깔 ★행복한 아침독서/책둥이 추천(2016)

글, 그림 이상교, 길고은이 출판사 미세기 연계 교과 국어 1-2 1. 소중한 책을 소개해요

책속으로

27편의 시로 오감을 표현한 동시집이다. 눈으로 보이는 다양한 이야기를 담은 '시각', 웃음 소리나 각종 소리의 이야기를 담은 '청각', 콧구멍 이야기, 방귀 냄새 등의 이야기를 담은 '후각', 짜장면, 솜사탕 등 다양한 맛의 이야기를 담은 '미각', 발가락, 이 빠진 자리 등 피부로 느끼는 이야기를 담은 '촉각' 등 5가지 감각을 5개의 장으로 구성하여 다양한 의성어와 의태어를 사용하여 시로 표현한다.

시크릿한 책 속 이야기

시각, 청각, 후각, 미각, 촉각의 5가지 느낌을 '오감'이라고 해요.

'알록달록', '노랑' 등 색감을 나타내는 말은 시각을 드러내고, '짹짹', '깔깔' 등 소리를 나타내는 말은 청각을 드러내고, '동글동글', '거칠거칠' 등 무언가를 만졌을 때 느껴지는 말은 촉각을 드러내고, '달콤하다', '맵다' 등의 맛을 나타내는 말은 미각을 드러내요. 이런 감각을 나타내는 말이 우리말의 매력인 의성어, 의태어로 표현되어 멋진 시가 되었어요. 오감을 드러내는 다양한 표현을 읽으면 자신이 느끼는 감각을 잘 표현할 수 있을 거예요.

의성어나 의태어를 많이 사용하면 언어를 훨씬 풍성하게 사용할 수 있답니다. 같은 말을 해도 의성어와 의태어를 어떻게 사용하느냐에 따라 느낌이 달라지거든요. 그래서 초등 국어 교육과정에서는 흉내 내는 말을 중요하게 다루어요. 국어 교과서를 살펴보면 의성어나 의태어를 사용한 글이 많이 나와요. 의성어와 의태어를 가장 풍부하게 사용하고 있는 글이 동시랍니다.

오감은 아이가 직접 느낄 수 있는 감각들이니, 그 감각에 어울리는 다양한 의성어와 의태어를 꾸준히 사용하면 풍부한 언어생활을 할 수 있을 거라 믿어요.

부모와 아이의 인사이트 확장을 위한 TIP

• 오감과 관련된 의성어와 의태어가 많이 쓰인 시가 가득해요. 시를 읽으며 어떤 느낌인지 몸으로 표현해 보세요. 만일 단어의 뜻을 모르면 아이가 사전을 찾아볼 수 있도록 도와 주세요.
'뭉게뭉게'라면 표준국어대사전에 '연기나 구름 따위가 크게 둥근 모양을 이루면서 잇따라 나오는 모양'이라고 되어 있어요. 그럼 이 단어의 뜻을 온몸으로 표현하는 거예요.
스케치북에 단어를 적은 다음 아이가 온몸으로 표현하고 부모가 정답을 맞히는 게임도 재미있어요. 표현력도 좋아지고, 아이와 즐거운 시간도 보낼 수 있을 거예요.

딴생각하지 말고 귀 기울여 들어요

글, 그림 서보현, 손정현   출판사 상상스쿨   연계 교과 국어 1-2 4. 바른 자세로 말해요

책 속으로

귀가 큰 꼬마 토끼 토토는 항상 다른 사람의 말을 잘 못 듣고 엉뚱한 일을 하곤 한다. 엄마가 쓰레기를 버리고 온다고 한 이야기를 잘 못 듣고 엄마가 없어졌다고 울기도 하고, 친구들이 어디를 간다고 한 말을 제대로 듣지 않아 온 동네를 헤매기도 하고, 선생님이 가져오라는 준비물을 잘 듣지 않아 친구들을 화나게 하기도 한다.

다른 사람의 말을 제대로 듣지 못하는 토토가 귀를 털자 토토의 귀 속에서 벌레 한 마리가 나온다. 그 벌레는 다른 사람의 말을 먹고 산다는 왱왱이 말벌레이다. 왱왱이 말벌레는 딴생각을 하면 귀에 쏙 들어가 말을 먹어 버린다고 한다. 토토는 그동안 자신이 잘 듣지 못했던 이유가 딴생각을 많이 했기 때문이라는 걸 깨닫는다.

토토는 왱왱이 말벌레를 내쫓기 위해 다른 사람의 말을 들을 때 꼭 눈을 맞추고 그 사람의 말에 귀를 기울였다. 그랬더니 왱왱이 왕벌레는 배가 고파 떠났다.

시크릿한 책 속 이야기

남의 말에 귀 기울이지 않고 늘 엉뚱한 일을 벌이는 꼬마 토끼 '토토'가 있어요. 토토의 이야기를 통해 올바른 의사소통의 중요성을 배울 수 있어요.

의사소통을 잘하려면 어휘를 많이 아는 것만이 중요한 게 아니에요. 그것보다 더 중요한 게 있어요. 바로 그것을 어떻게 사용하고 활용하느냐이지요.

혹시 여러분의 귀에는 왱왱이 말벌레가 살고 있지 않나요? 학교생활에서 가장 중요한 것은 선생님과 친구들의 말을 잘 듣는 '경청'이에요. 잘 들어야 잘 이해하고, 잘 말할 수 있어요. 훌륭한 문해력을 키우기 위한 첫 시작은 잘 듣기예요.

어휘력을 키우는 것도 마찬가지예요. 많은 단어를 익히는 것도 중요하지만, 그 어휘를 어떤 상황에서 어떻게 사용하는 것이 잘 전달하는 것인지 알아야 해요. 그러기 위해서 가장 중요한 것은 다른 사람의 말을 잘 듣는 거지요.

이 책에서는 '잘 듣는 방법'을 이야기해요. 잘 듣기 위해서는 다른 사람과 대화를 나눌 때 그 사람의 얼굴을 보고 눈을 맞추는 것이 중요해요. 굉장히 쉬운 것 같다고요? 그렇지 않아요. 생각보다 그렇게 하지 못하는 사람이 꽤 많아요. 책을 다 읽고 난 다음에 어떻게 듣는 것이 잘 듣는 건지 부모가 직접 아이와 눈을 맞추고 이야기를 나누면서 깨닫게 해 주세요.

부모와 아이의 인사이트 확장을 위한 TIP

• 다른 사람의 말을 언제, 어떻게 귀 기울여 잘 들었는지 그림일기를 써 보아요. 일기를 쓸 때는 '누가', '무슨 말'을 했는데, 나는 그것을 '어떻게 듣고', '어떻게 행동했는지' 쓰게 해 주세요.

년 월 일 요일	날씨

아니, 방귀 뽕나무

글, 그림 김은영, 정성화   출판사 사계절   연계 교과 국어 2-1 1. 시를 즐겨요

책 속으로

총 39편의 동시가 실려 있다. 시인은 동시 쓰기를 김밥 싸기에 빗댔다. 넓적한 김 위에 밥을 얹고 여러 재료를 올려놓고 꾹꾹 눌러 돌돌 마는 김밥처럼 동시 역시 정성 들여 마련한 온갖 재료를 잘 말아 맛있게 싸 놓은 김밥과 비슷하다는 것이다.

이 시는 제목에서 보듯 '방귀'라는 소재를 통해 개구쟁이 아이들의 모습을 보여 준다. 〈방귀와 자전거〉, 〈변비〉, 〈뽕나무〉 등 방귀에 관한 시와 아이들의 모습을 읽으면 저절로 웃음이 날 것이다.

시집은 1부 〈나 번데기 아니야〉, 2부 〈미안하다 바퀴야〉, 3부 〈지워지지 않는 보랏빛〉으로 이루어져 있다.

시크릿한 책 속 이야기

국어 교과서에는 《아니, 방귀 뿅나무》에 실린 시 중 〈잠자는 사자〉가 실려 있어요. 이 시도 재미있지만, 시집에 실린 다른 시들도 무척 재미있어요. 시집을 읽고 있으면 시가 어렵거나 이해하기 힘든 것이 아니라 재미있고 즐거운 것이라는 걸 느낄 수 있을 거예요.

동심을 잘 살린 동시는 아이들의 웃음을 자아내지요. 이상하게 아이들은 뿅! 방귀 소리나 똥 이야기만 해도 깔깔깔 웃습니다. 특히 초등 저학년 교실에서 방귀 이야기나 똥 이야기는 아이들의 웃음 버튼이 된답니다. 이 책에도 아이들의 웃음 버튼을 누르는 동시가 많이 나와요.

아이들은 재미있게 동시를 읽으며 유쾌한 상상을 하고, 재치 있는 표현을 통해 온갖 익살스러운 의성어를 만날 거예요.

아이들에게 동시를 많이 보여 주세요. 자신의 마음과 감정을 표현하고 상상력을 기르는 데 많은 도움을 줘요. 그뿐인가요. 동시는 소리 내서 읽기 좋아요. 시를 읽으면서 읽는 맛을 느끼고, 글을 읽는 재미를 느낄 거예요. 여기에 참신한 표현으로 얻는 어휘력 향상은 덤이겠지요.

부모와 아이의 인사이트 확장을 위한 TIP

- 시는 한 편 한 편 천천히 읽는 게 좋아요. 동화책처럼 앉은 자리에서 후루룩 읽어 버리면 읽는 재미가 덜하거든요. 시를 읽고 그 내용을 '몸으로 표현하기', '그림으로 표현하기' 활동으로 이어 보세요.

  저학년은 시를 이해하고 그것을 글로 표현하는 것은 아직 어려워요. 그래서 시를 직접 써 보는 것도 좋지만 몸이나 그림으로 표현하는 것이 시를 이해하는 데 큰 도움이 돼요. 시를 읽고 그 느낌을 표현하는 것이 시 구조화의 첫 번째 방법이거든요. 시를 이해하고 구조화하려면 어휘력과 문해력은 기본 바탕이 되어야겠지요?

동무 동무 씨동무 ★제2회 좋은 어린이책 기획 부문 대상 수상작

글, 그림 편해문, 박향미   출판사 창비   연계 교과 국어 2-1 1. 시를 즐겨요

책 속으로

총 29편의 시가 담긴 시집이다. 〈신나게 어울려 놀며〉, 〈동무를 놀리며〉, 〈한
바탕 웃고 즐기며〉, 〈새소리를 흉내 내며〉의 4가지 주제로 나누어서 구성되어
있다.

〈신나게 어울려 놀며〉에서는 '혼자 있을 때', '둘이 놀며', '풀각시 만들며' 등
친구들과 노는 이야기를, 〈동무를 놀리며〉는 '오줌싸개 친구를 놀리며', '울거
나 웃는 동무를 약 올리며' 등 사람뿐 아니라 동물까지 여러 동무들을 놀리는
이야기를, 〈한바탕 웃고 즐기며〉는 '장사꾼 놀리는 노래', '혼자 집 보며 부르는
노래', '야단맞을까 봐 걱정하는 노래' 등 다양한 삶의 이야기를, 〈새소리를 흉
내 내며〉는 '부엉이 소리를 흉내 내며', '꿩 소리를 흉내 내며' 등 다양한 새소
리를 흉내 내는 이야기를 담았다. 요즘에는 볼 수 없는 예스러운 정서를 느낄
수 있는 시들이다.

여러 노래 중간에 해설이 첨부되어 있고, 그때의 상황 설정도 잘 설명되어
있어 시를 더 잘 이해할 수 있다. 또 CD가 첨부되어 있어 눈뿐 아니라 귀로도
시를 감상할 수 있다.

시크릿한 책 속 이야기

사라져 가는 전래 동요의 의미에 대해 생각하게 하는 책이에요. 저자가 2년간 직접 전래 동요를 수집했다고 해요.

'씨동무'는 어릴 때부터 씨앗처럼 소중한 동무라는 의미예요. 예쁜 말이죠? 동무는 순우리말로 참 다정한 말이에요. 그런데 언제부터인가 한자어인 '친구'로 대체되어 버렸어요. 아마 북한에서 '혁명을 위해 싸우는 사람'이라는 뜻으로 사용하며 금기시되어 죽은 말이 되어 버린 것 같아요. 아름다운 우리말이 더 이상 사용되지 않는 것은 참 안타까운 일이에요. 최근 많이들 사용하고 있는 '절친'이라는 말도 있지만 '동무'라는 말이 좀 더 다정하게 들리는 건 저뿐일까요?

• 우리가 사용하는 국어는 크게 고유어, 한자어, 외래어의 삼중 체계로 이루어져 있어요. 고유어는 말 그대로 우리 고유의 말을 뜻하는데 원래부터 있던 순우리말이에요. 우리의 문화와 정서를 가장 잘 드러낸 말이지요. 고유어는 일상생활에서 많이 사용되었어요. 우리가 주로 사용하는 표준어, 방언의 뿌리도 바로 고유어지요.

한자어는 한글이 창제되기 전 우리말을 표기할 수단이 없어서 한자를 사용하면서 우리 국어에 포함되었어요. 한자어는 주로 개념이나 추상적인 내용을 표현할 때 많이 사용해요.

외래어는 다른 나라의 말이 우리나라에 들어와 우리말처럼 쓰이게 된 거예요. 우리말로 표현할 수 없어서 그 나라의 말이 우리말로 된 것이라 우리말로 바꿔 쓸 수 있는 외국어와는 달라요.

우리의 문화와 정서가 드러난 고유어는 중요해요. 입에서 입으로 전해지는 전래 동요를 들여다보면 우리 고유어가 잘 살아 있는 걸 알 수 있어요. 고유어는 우리 한글의 역사와 기본 구조가 잘 스며들어 있는 말이기 때문에 꼭 알아 두어야 해요.

요즘 우리 아이들이 사용하는 어휘를 살펴보면 안타깝게도 아이들의 어휘는 단 두 글자로 정리할 수 있어요. '헐'과 '대박'이지요. 기분이 좋아도 '대박', 맛이 있어도 '대박', 놀라운 일이 있어도 '대박'이라는 한마디 말이면 끝나요. 물론 하나의 어휘가 다양한 상황에 사용될 수 있다는 건 재미있는 일이에요. 그러나 사용하는 어휘의 수가 줄면 사고의 범위도 줄어들수밖에 없어요.

그래서일까요? 학교에서 사용하는 교과서 어휘를 제대로 이해하지 못하는 아이들이 많아요. 고유어를 잘 알아야 우리글을 잘 이해할 수 있고, 우리글을 잘 이해해야 다른 나라의 말도 잘할 수 있습니다. 가장 한국적인 것이 가장 세계적인 것이라고 하잖아요. 어휘 공부의 첫걸음은 우리 고유어 익히기랍니다.

내가 도와줄게

글, 그림 테드 오닐·제니 오닐, R. W. 앨리   출판사 비룡소   연계 교과 국어 활동 2-1 10. 다른 사람을 생각해요

책 속으로

존중이란 무엇일까? 어른들에게 허리를 굽혀 하는 인사일까? 하지만 누구를 존중한다는 건 인사를 잘하는 것만은 아니다. 존중에는 더 많은 뜻이 있다.

존중은 '배려'라고도 한다. 존중 또는 배려는 몸이 불편한 사람을 위해 문을 열어 주는 것처럼 세상을 위해 마음을 쓰는 것이다. 어린 사람에게 함부로 대하지 않는 것을 의미하기도 한다.

친구가 우유에 밥을 말아 먹는다고 놀려선 안 된다. 사람은 저마다 다르고, 다른 걸 좋아하기 때문이다. 친구가 그것을 좋아하는 이유를 이해하는 건 어렵지만 누구나 존중받을 가치가 있다.

다른 사람을 존중한다는 것은 그 사람을 이해한다는 뜻이기도 하다. 선뜻 이해하기 어렵다면 내가 그 사람이라고 상상해 보자. 친구가 심통을 부리면 왜 그럴까 이해하려고 노력해 보는 것이다.

말 중에는 "부탁해요", "고마워요", "미안합니다"처럼 다른 사람을 기분 좋게 해 주는 특별한 말도 있다. 반면 다른 사람의 마음을 상하게 하는 말도 있다. 우리가 쓰는 말은 다른 사람을 기쁘게도, 아프게도 하는 힘이 있다. 친구와 마음이 맞지 않거나 친구 때문에 화가 났을 때도 다른 사람을 존중하는 태도를 갖추어야 한다. 기분이 좋지 않으면 자신의 기분을 친구에게 설명하면서 친구의 기분을 상하지 않게 하는 방법도 분명히 있다.

존중은 다른 사람에게 관심을 갖는 것이다. 함께 어울리지 못하는 친구가 있으면 먼저 다가가자. 존중은 사랑의 다른 표현이다. 그 사람이 어떻든 있는 그대로를 좋아한다는 뜻이다. 다른 사람을 보살펴 주고 좋은 것을 나누고, 모두에게 공평하게 대하면 된다. 그렇게 하는 것이 바로 존중이다.

시크릿한 책 속 이야기

다른 사람을 존중한다는 것은 다른 사람을 위해 마음을 써야 하는 일이에요. 다른 사람이 나에게 해 주기를 바라는 대로 나도 다른 사람에게 행동하는 거죠.

다른 사람을 존중하거나 배려하는 마음을 표현하기 위해 그에 맞는 말을 사용해야 하고요. 똑같은 말을 하더라도 어떤 어휘를 선택하느냐에 따라 그 말을 듣는 사람의 기분이 달라지거든요. 다른 사람을 존중하기 위해서는 존중한다는 말의 뜻을 알고, 다른 사람을 배려하는 말에는 어떤 것이 있는지 생각해 봐야겠지요.

이 책을 읽으면서 어떤 어휘가 다른 사람을 존중하고 배려하는 마음을 나타내는 어휘인지 생각하는 시간을 가져 보세요. 아마 아이는 어휘력도 좋고 다른 사람을 배려하는 멋진 사람으로 자랄 거예요.

부모와 아이의 인사이트 확장을 위한 TIP

• 책을 읽고 아이와 존중에 대해 이야기를 나눠 보세요. 저학년에게는 살짝 어려운 어휘이지만 책을 통해 존중의 의미를 알게 되어서 대화를 나눌 수 있을 거예요.

1. 네가 존중받았다고 느꼈던 일은 뭐가 있었니?
   어떤 말을 듣고 그렇게 느꼈어?

----

2. 너는 누군가를 존중했던 경험이 있니?
   그때 어떤 말과 행동을 했어?

----

3. 누군가를 존중하려면 어떻게 말하고 행동하는 게
   좋을 것 같아?

몰라쟁이 엄마

글, 그림 이태준, 신가영 출판사 우리교육 연계 교과 국어 1-2 5. 알맞은 목소리로 읽어요

책 속으로

　어린 수문장 • 어머니가 적적해 강아지를 얻어온다. 그런데 강아지가 다음 날 없어진다. 엄마의 품이 그리워 끙끙대던 어린 수문장은 밤새 징검다리를 건너다 물에 빠져 죽고, 엄마와 마주치자 짖는다.　몰라쟁이 엄마 • 노마가 엄마에게 참새에 대해 이것저것 묻자 엄마는 대답을 하다가 나중에 '몰라', '몰라'로 대답하자 노마가 떼를 쓴다.　슬픈 명일 추석 • 부모님이 돌아가시고 작은아버지에게 구박을 받는 남매가 명절날 엄마 산소에 간다. 동생을 두고 먹을 것을 가지고 돌아오니 동생은 없고 늑대 소리만 들린다. 동생을 찾는 소리가 끊어지고 엄마 산소 앞에 떡 바가지만 있다.　엄마 마중 • 아기가 전차가 올 때마다 엄마가 안 오냐고 차장에게 묻는다. 다른 차장이 아이에게 한 곳에 서 있으라고 한다. 전차가 와도 다시 묻지 않고 아기는 코만 빨개져 가만히 서 있는다.　불쌍한 삼형제 • 영선이 친구들과 까치 세 마리를 잡아 각자 집에 데리고 간다. 꿈속에서 어미 까치에게 혼이 난 영선이는 놓아 주었으나 이튿날 고양이가 잡아먹은 것을 알게 된다. 다른 친구의 까치도 밤중에 굶어 죽고, 달아나다 화로에 빠져 죽는다.　꽃 장수 • 아기가 꽃분 앞에서 엄마에게 꽃 장수가 예쁜 꽃을 만들어 냈다고 용하다고 한다. 엄마는 씨를 심으면 하늘에서 비가 내려 흙을 적셔 주고 햇빛이 비춰 싹이 터 자란다고 말한다. 쓸쓸한 밤길 • 영남이는 엄마가 돌아가시자 옛날에 받을 돈이 있다는 것과 영남이를 길러 준다는 핑계로 대근이네에게 모두 뺏긴다. 단옷날 대근이가 던진 돌멩이에 맞은 영남이는 서러운 마음에 집을 떠난다.　슬퍼하는 나무 • 새 한 마리가 알을 낳자 아이가 꺼내 가겠다고 한다. 나무는 새끼가 고운 털이 날 때 가져가라 해서 며칠 뒤 갔더니 빈 둥지만 남았다. 새끼는 어디 갔냐고 하자 나무는 아이 때문에 친구를 잃었다고 한다.　눈물의 입학 • 원산 객주 집에서 밤낮없이 일하는 귀남이는 걸어서라도 서울로 가야겠다고 마음먹고 열

하루 만에 도착한다. 귀남이는 유명한 고등 보통학교에 일등으로 입학한다.

불쌍한 소년 미술가 • 더운 여름날 길에 거렁뱅이 아이가 그림을 그린다. 그림을 한 장 달라고 하자 칼을 빌려 달라고 한다. 그림을 주는 대신 칼을 가지라 하자 칼을 돌려준다. 겨울이 되어도 아이가 그린 그림을 벽에 붙이고 그 어린 미술가를 그리워한다.   물고기 이야기 • 부산 앞바다 한류와 난류가 섞이는 겨울 동안 가자미, 청어, 대구가 의형제가 되었다. 이른 봄 헤어지기 전에 메기에게 관상을 보러 갔는데 오히려 청어에게 해몽을 부탁한다. 낚시에 걸려 죽을 꿈이라 해석하자 뺨을 때려 청어 얼굴이 붉어지고, 가자미는 흘겨봐서 두 눈이 몰리고, 대구는 너무 웃어서 입이 세 배 반이나 커졌다.

시크릿한 책 속 이야기

《몰라쟁이 엄마》는 오래되었지만 가치 있는 12편의 동화를 묶은 책이에요. 이야기의 배경이나 쓰인 단어들이 예스럽긴 하지만 의외로 재미있어요. 동화마다 글밥도 조금씩 다르고 너무나 슬픈 작품도 있어요. 글이 많은 쪽도 있지만 대부분 그림이 중심이고 이야기별 분량도 많지 않아 한 번에 한 편씩 읽어 주기도 좋아요. 아래쪽에 옛말을 따로 설명해 놓아 이해하는 데 어려움이 없어요.

기승전결이 분명하고 등장인물에 생동감이 느껴지는 이야기예요. 아이들에게는 동심을 유지하고, 어른들에게는 잃어버렸던 동심을 찾는 책이 될 거예요.

부모와 아이의 인사이트 확장을 위한 TIP

• 동화 속 장면을 자세히 묘사해 보세요. 그림을 보고 구체적인 어휘로 설
  명하는 거예요. 그림을 하나하나 짚으면서 아이와 묘사해 보세요. 꼭 글로
  쓰지 않아도 돼요. 이야기를 나누는 것으로도 어휘력을 키우기에 충분하
  답니다.

노마랑 엄마는 고추를 말리고 있어요. 아침에 병아리와 닭이 모이를 먹고 있어요.
노마랑 엄마 뒤에는 기와집이 있어요.
그리고 빨랫줄에는 빨래가 널려 있고, 참새가 앉아 있어요. 노마는 참새를 보고 있어요.
엄마 머리는 검은색이고, 갈색 옷을 입고 있어요.
노마와 엄마의 눈 색깔은 검은색이에요. 노마의 옷 색깔은 초록색이랑 파란색이에요.
기와집에 그물 같은 게 있어요. 기와집은 갈색이에요.
어미 참새는 머리가 길고 빨간색이에요.
꼬리는 노란색이고 길고, 부리는 검은색이고 짧아요.
배는 통통해요. 다리는 회색이고 가늘어요.
할아버지 참새는 목에 길쭉한 수염이 났고 머리는 빨간색이에요.
부리는 검은색이고요. 지팡이를 짚고 있어요.

혁이

초가집 벽에 소쿠리가 있고 마당에는 장독대가 있어요.
빨랫줄에는 참새가 있고 그 밑에는 닭이랑 병아리가 먹이를 먹고 있어요.
엄마는 고추를 말려요.
새끼 새는 입을 쩍 벌리고 먹이를 달라고 울어요.
할아버지는 하얀 수염이 나 있는 것 같아요.
노마가 떼를 쓴 건 잘못된 것 같아요. 떼를 쓰는 것은 나빠요.
엄마가 '몰라'라고 말하는 것을 보니 귀찮은 것 같아요.
내가 노마 엄마라면 노마가 말할 때 "몰라."라고 말하지 않을 거예요.
아마도 엄마는 일이 너무 바쁜 거 같아요.
우리 엄마도 내가 말할 때 "몰라."라고 말 안 하면 좋겠어요.

윤이

문해력 교과서 1-6학년

글 이도영, 이형래, 이천희, 전인숙, 권은주, 김희동, 박주현, 우철하, 이정우, 전준희   출판사 창비교육   연계 교과 국어 1-1 7. 생각을 나타내요 / 1-2 7. 무엇이 중요할까 / 10. 인물의 말과 행동을 상상해요 / 2-2 1. 장면을 떠올리며 / 4. 인물의 마음을 짐작해요 / 9. 주요 내용을 찾아요

책 속으로

학습의 바탕이 되는 문해력을 키우기 위해 국어 교과서 집필진과 초등 교육 전문가 10인이 만든 책이다. 1학년부터 6학년까지 학년별 1권씩으로 구성되어 있고, 동시, 동화, 설명하는 글, 주장하는 글 등 1·2학년은 24작품씩, 3·4·5·6학년은 21작품씩 다양한 갈래의 학년별 필독 글감과 관련 독후 활동, 어휘·어법 활동이 실려 있다.

기존의 독해 문제집 구성과는 다르게 책을 읽는 기분으로 독해 활동이 가능하다. 글마다 2~3쪽 정도의 분량으로 구성하였고, 각 글과 관련된 독후 활동은 정답을 요구하거나 어려운 내용이 아니어서 가볍게 독후 활동을 할 수 있다.

마지막에는 글감의 출처를 실어서, 책에서 재미있게 읽은 글감이 있다면 그 책을 찾아서 함께 읽는 것도 도움이 될 것이다.

시크릿한 책 속 이야기

저는 〈문해력 교과서〉 시리즈의 교사 자문단으로 참여했어요. 출간되기 전 책을 살펴보니 책 구성이 참 좋더라고요. 그래서 학습 클리닉반 교재로 선정 하였어요. 책으로 활동해 보니 2~3쪽 분량의 글이라 소리를 내서 읽어도 부 담이 없어 학생들과 제가 한 번씩 읽고 활동했어요. 독후 활동 부분의 질문도 보통은 정답을 찾거나 활동이 거창해서 부담스러운 경우가 많은데, 가볍게 본 문의 내용을 확인할 수 있는 문제들이라 활동도 부담스럽지 않았어요.

독해 문제집에 익숙해져 있는 아이들은 처음에는 정답이 없어 당황했는데, 몇 번 활동하다 보니 오히려 질문을 통해 아이들의 다양한 대답을 이끌어 낼 수 있어 이 질문에는 정답이 없는 게 더 좋겠다는 생각이 들었어요.

이 책은 제목처럼 문해력을 키우기 위한 교재이지만, 뒷부분에 어휘·어법 활동도 제시되어 있어 어휘력을 키울 수도 있어요. 책의 표지처럼 어휘력과 문해력을 키우는 데 바탕이 되어 줄 책이 될 거라고 생각해요.

부모와 아이의 인사이트 확장을 위한 TIP

• 이 책에는 교과서처럼 책 속 작품 일부가 실려 있어요. 그 작품을 읽고 문
해력을 키우는 거죠. 그리고 제일 뒤쪽에 수록된 작품들이 제시되어 있어
요. 이 책들을 꼭 읽혀 보세요. 책에서 봤던 작품들이라 수월하게 읽을 거
예요.
아래의 QR코드를 찍어 보세요. 출판사에서 준비한 학년별 활동 자료가
가득 담겨 있답니다.

문해력 교과서 활동 자료
창비

세쿼이아 : 체로키 인디언의 글자를 만든

글, 그림 프레더릭 마레   출판사 여유당   연계 교과 국어 2-1 3. 마음을 나누어요 / 6. 차례대로 말해요 / 2-2 1. 장면을 떠올리며 / 4. 인물의 마음을 짐작해요

책 속으로

깊은 산골에 한 소년이 엄마와 살고 있다. 이들은 체로키 인디언이다. 이 소년은 여느 아이와 달랐다. 한쪽 다리를 절름거리면서 걸었기 때문이다. 아이들은 이 소년을 체로키 말로 '돼지발'이라는 뜻의 '세쿼이아'라고 불렀다.

어느덧 어른이 된 세쿼이아는 산과 짐승에 대해 모르는 것이 없는 훌륭한 사냥꾼이 되었다. 이제는 아무도 세쿼이아를 놀리지 않았다. 그의 용감한 모습에 사람들은 그가 절름발이라는 것을 잊었다.

그러던 어느 날 아주 멀리서 한 남자가 짐승 가죽을 사러 와서 세쿼이아에게 계약서에 이름을 써 달라고 한다. 글을 읽지도 쓰지도 못했던 세쿼이아는 이 일로 충격을 받고 글을 배우기 위해 떠나기로 마음먹는다.

세쿼이아는 12년 동안 여러 기호를 궁리한다. 이렇게 긴 세월을 애쓴 끝에 체로키 말을 적을 수 있는 85개의 글자를 만들어 냈다. 드디어 완성했다고 생각한 세쿼이아는 체로키 추장들이 모인 자리에서 글자를 소개한다. 추장들은 놀라움을 감추지 못하고 체로키의 공식 문자로 정한다. 그 뒤 모든 체로키 사람들은 자신의 글을 읽고 쓰는 법을 배웠다. 이때부터 세쿼이아라는 말은 체로키 말로 '영웅'을 뜻하게 되었다.

시크릿한 책 속 이야기

19세기 초 한 사람이 혼자 힘으로 글자를 만든 사건이 있었어요. 세쿼이아는 자신의 여러 장애를 딛고 혼자서 체로키 글자를 만들었어요. 세쿼이아 덕에 체로키 인디언은 미국 원주민이던 인디언 중 유일하게 문자를 가진 부족이 되었어요.

세쿼이아는 신체적 장애를 가지고 있었지만, 그것은 그가 사냥꾼이 되거나 글자를 만드는 데 전혀 장애가 되지 않았어요. 진짜 장애는 신체적인 장애가 아니에요. 바로 무지예요. 자신의 무지를 알아채지 못하고 그 자리에서 안주하는 사람은 결코 성공할 수 없어요. 자신의 무지를 알아채고 그것을 극복하기 위해 도전해야만 자신이 원하는 것을 성취할 수 있어요. 아이와 함께 자신이 정말 원하는 것이 무엇인지 이야기를 나누고, 그것을 위해 어떤 도전을 해야 할지 이야기해 보세요.

- '세쿼이아'라는 말을 어디서 들어 본 것 같다고 생각했는데 바로 메타세 쿼이아의 이름이었어요. 메타세쿼이아와 이 그림책의 주인공인 세쿼이아 는 무슨 관계가 있을까요? 체로키 글자를 발명한 세쿼이아의 업적을 기 리기 위해서 세상에서 가장 크고, 가장 오래 살았다는 나무의 국립공원에 '세쿼이아'라는 이름을 붙여 주었답니다.

  우리 한글을 만든 세종 대왕의 이름을 딴 '유네스코 세종대왕 문해상'을 아나요? 유네스코 세종대왕 문해상은 1989년 대한민국 정부의 제안으로 제정되었어요. 기초 문해 교육에 공이 많은 개인이나 단체를 선정하여 매 년 세계 문해의 날(International Literacy Day)인 9월 8일 수여해요.

  1990년부터 2022년까지 62개 단체와 개인이 유네스코 세종대왕 문해상 을 받았어요. 그 이전에도 이 상이 있었다면 세쿼이아가 받지 않았을까 요? 누가 문해력을 위해 어떤 공을 세웠는지 찾아보고 아이와 이야기를 나눠 보는 건 어떨까요?

내 맘 알아주는 속담 + 따라 쓰기 세트

글, 그림 강지혜·최설희, 강은옥   출판사 슈크림북   연계 교과 국어 2-2 1. 장면을 떠올리며 /
4. 인물의 마음을 짐작해요 / 9. 주요 내용을 찾아요

책 속으로

　　왼쪽 면에는 '공든 탑이 무너지랴', '구슬이 서 말이라도 꿰어야 보배', '굼벵이도 구르는 재주가 있다', '꼬리가 길면 잡힌다' 등 공감과 위로가 되는 속담을 4컷 만화 형식으로 풀고, 오른쪽 면에는 속담과 관련된 이야기를 제시해 속담의 뜻을 쉽게 이해하도록 돕는다.

　　특히 슈크림이라는 캐릭터와 함께 재미있게 속담을 알 수 있게 구성되어 있다. 내 마음을 알아주는 속담 코너에서는 속담 속 숨은 감정을 파파 슈크림이 알려 주는 등 아이들의 눈높이에 맞춰 감정을 풀어 나가게 돕는다.

　　《따라 쓰기》책을 통해 하루 한 편 속담 일기를 완성하면서 속담을 배운다. 속담을 따라 쓰면서 원고지 사용법, 맞춤법, 띄어쓰기 등도 배울 수 있다.

시크릿한 책 속 이야기

우리 선조들의 소중한 가치와 생각이 담겨 있는 속담은 길이는 짧지만 깊은 의미를 가지고 있어요. 속담은 '관용표현'을 알고 쓰기 위해 꼭 알아야 해요. 교과 공부를 잘하기 위해서도 필요하지요. 속담을 안다고 문해력이 좋다고 말할 수는 없지만, 속담을 모르면 문해력을 키울 수 없어요. 그만큼 많은 곳에 속담이 스며 있답니다.

속담을 익히는 방법은 많아요. 책이나 문장 속에서 자연스럽게 익히거나 속담 사전 등을 읽으며 실제 쓰이는 예문을 보며 익히는 방법, 집에서 자주 쓰면서 생활 속에서 기억하는 방법 등이 있지요.

《내 맘 알아주는 속담》을 공부하고 그것을 따라 쓰면 창의적이고 꾸준한 글짓기 훈련도 가능해요. 그뿐인가요. 맞춤법, 띄어쓰기, 원고지 사용법, 예쁜 글씨 쓰기 연습까지 다양한 학습 효과를 기대할 수 있답니다.

아이가 하루 동안 느꼈던 감정에 대해 이야기를 나누고 그것을 속담으로 표현해 보는 건 어떨까요?

부모와 아이의 인사이트 확장을 위한 TIP

• 《내 맘 알아주는 속담》 책만으로도 충분히 재미있게 속담을 익힐 수 있지만 워크북인 《내 맘 알아주는 속담 따라 쓰기》를 활용하여 쓰기까지 익혀 보세요. 엄청난 시너지 효과가 있을 거예요. 《따라 쓰기》에는 일기 형식도 있고, 필사도 있고, 빈칸 채우기도 있어 다양한 방법으로 지루하지 않게 속담을 익힐 수 있어요.

이 활동을 하고 나서 워크북 위쪽의 속담 부분을 잘라서 속담 맞추기 퀴즈 활동으로 활용해 보세요. 이 활동을 할 때는 강압적이지 않고 공부라는 생각이 들지 않아야 해요. 아이들은 부모의 의도를 예민하게 알아채거든요. 그것이 공부라는 생각이 드는 순간 재미를 잃어버려요.

어휘 공부도 마찬가지예요. 속담은 관용표현을 익히기 위해 꼭 필요한 공부예요. 글쓰기 수업을 하다 보면 속담의 뜻을 몰라 적절하게 활용하지 못하는 경우를 많이 봐요. 다양한 방법으로 속담을 익히는 것이 필요해요. 아이가 속담을 알아 갈 때 공부로 느껴 어려워하지 않도록 재미있는 놀이 형식으로 접근해 주세요.

이 상한 도서관장의 이상한 도서관

글, 그림 윤여림, 이나래 출판사 천개의바람 연계 교과 국어 1-1 8. 소리 내어 또박또박 읽어
요 / 1-2 8. 띄어 읽어요

책 속으로

> 토끼는 이상한 도서관에 있는 이 상한 도서관장이다. 도서관 책임자는 토끼
> 이고, 도서관 책의 임자도 토끼이다. 개가 우는 이유는 나비가 되고 싶은 것이
> 고, 구름이 우는 이유는 비가 되고 싶은 것이다. 토끼는 가오리랑 놀기도 하고
> 오리랑 놀기도 한다. 마지막으로 모든 동물이 다 같이 라면을 먹는다.
> 이 책은 띄어쓰기에 관한 책이다. '이상한'과 '이 상한', '책임자'와 '책 임자
> (주인)', '우리 가오리랑'과 '우리가 오리랑', '다 정하고'와 '다정하고'처럼 띄
> 어쓰기로 뜻이 달라진다.

시크릿한 책 속 이야기

초등 국어 교과서에서 '아버지가 방에 가신다.'와 '아버지 가방에 가신다.'를 본 적이 있을 거예요. 또 '아기다리 고기다리던 데이트', '아 기다리고 기다리던 데이트'도 들어 본 적 있나요? 이런 말들은 띄어쓰기의 중요성을 알 수 있는 말이에요.

이 책은 띄어쓰기에 대해 이야기해요. '이상한' 도서관에서 이가 썩은 '이상한' 도서관장 토끼와 친구들의 기발한 이야기로 우리말의 재미를 알고, 자연스럽게 띄어쓰기를 배울 수 있어요.

띄어쓰기는 어른에게도 어려워요. 어른도 띄어쓰기를 어떻게 해야 할지 고민한답니다. 아이들도 마찬가지예요. 띄어쓰기뿐 아니라 글을 읽을 때도 띄어쓰기 부분을 자연스럽게 읽지 못하는 경우가 많아요. 띄어쓰기 부분을 의식하면서 읽어야 그 말이 무슨 뜻인지 정확히 알 수 있어요.

2학년이 되면 맞춤법뿐 아니라 띄어쓰기도 배워요. 띄어쓰기를 잘하려면 잘 띄어 읽어야 해요. 그러려면 저학년 때 띄어 쓰인 부분을 의식하면서 소리를 내서 읽는 훈련이 필요해요. 중학년만 되어도 띄어 읽는 연습은 늦답니다.

띄어쓰기 부분을 띄어 읽을 수 있어야 글의 의미를 더 잘 이해할 수 있고, 나중에 소리를 내지 않고 책을 읽는 묵독을 할 때도 자연스럽게 책을 읽을 수 있어요.

부모와 아이의 인사이트 확장을 위한 TIP

• 아이와 동화책 한 권을 읽고 일주일에 한 번만 한 쪽 받아쓰기를 해 보세요. 아이의 띄어쓰기 실력이 쑥쑥 늘 거예요. 그렇다고 욕심을 부려서 매일 하면 아이가 질려서 받아쓰기를 싫어할 수 있으니 너무 자주 하면 안 돼요. 받아쓰기 할 때 띄어쓰기는 꼭 같이 보고요.
우리말의 묘미를 잘 다룬 윤여림 작가의 다른 작품들도 많아요. 이 작품들을 읽다 보면 우리말을 더 잘 알 수 있게 된답니다.

- 《개똥벌레가 똥똥똥》, 윤여림, 천개의바람
  말과 말이 만난 합성어를 아름답게 소개한다.

- 《꿀떡을 꿀떡》, 윤여림, 천개의바람
  동음이의어로 구성된 재미난 동시를 들려준다.

- 《항아리산 너머 훌쩍 넘어》, 윤여림, 천개의바람
  틀리기 쉬운 말을 재치 있는 이야기로 풀어낸다.

- 《왜 띄어써야 해?》, 박규빈, 길벗어린이
  띄어쓰기의 필요성을 느끼게 하는 이야기가 담겨 있다.

단어를 먹는 아이

글, 그림 마를레트 수니에르, 조르디 수니에르   출판사 도깨비달밤   연계 교과 국어 1-2 6. 고운 말을 해요 / 2-1 3. 마음을 나누어요 / 8. 마음을 짐작해요

책 속으로

한 아이가 있다. 그 아이는 어느 날 '기쁨'이라는 단어를 먹었더니 무척 즐겁고 온종일 행복해서 쉴 새 없이 웃었다. 또 어느 날에는 '슬픔'이라는 단어를 먹었더니 너무 슬펐다. 하루는 '사랑'이라는 단어를 먹었더니 참 좋아서 그날은 모든 사람을 안아 주고 싶었다. 입에서 나온 말이 모두 하트 모양이 되었다. 또 하루는 '분노'라는 단어를 먹었는데 그건 정말 이상했다. 그날은 내내 화가 나고 기분이 안 좋았다. 또 다른 날에는 '두려움'이라는 단어를 먹었는데 너무 괴로웠다. 결국 아이는 입을 꼭 다물고 아무 단어도 먹지 않기로 결심했다.

그러자 이상한 날이 계속되었다. 아이는 웃지도 슬퍼하지도 못했고, 행복하지도 화나지도 않았다. 아무것도 무섭지 않았다. 그래서 아이는 단어를 모두 먹어 버리기로 했다. 그러자 배가 부르고 행복했다. 모든 단어와 감정은 나의 일부이다. 그리고 이제는 알 수 있다. 모든 단어가 내가 어떤 기분인지 누구인지 잘 알 수 있도록 돕는다는 걸.

시크릿한 책 속 이야기

우리는 다양한 감정을 느끼며 살아가요. 그러나 지금 자신의 감정을 정확하게 말할 수 있는 사람은 많지 않아요. 저학년 때는 자신의 감정을 제대로 표현하는 것이 중요하지요.

자신의 감정을 제대로 이해하기 위한 첫 번째 단계로 감정에 이름을 붙일 수 있어야 해요. 내가 지금 어떤 감정인지 인식하고, 그것을 적절한 말로 표현할 수 있어야 자신의 감정을 제대로 이해할 수 있고, 다른 사람과 의사소통도 원활해져요.

세상에 무조건 좋은 감정이나 나쁜 감정은 없어요. 누군가 좋은 말을 하면 기분이 좋아지고, 나쁜 말을 하면 분노를 느끼는 건 당연해요. 이런 감정을 표현하는 것도 당연하죠. 그리고 감정은 수시로 변한답니다.

그런데 어떤 감정을 느껴도 그 감정을 표현할 단어를 모르면 자신의 감정을 전달하기 어려워요. 세분화된 감정을 나타내는 단어를 알고, 적절히 사용하는 것이 어휘력을 향상시키는 지름길이에요.

부모와 아이의 인사이트 확장을 위한 TIP

• '딕싯'이라는 보드게임이 있어요. 토큰과 토끼 점수말, 점수판, 그림 카드 84장으로 구성되어 있어요. 카드의 그림이 참 예쁜 게임이에요. 게임 설명에는 3~8명, 만 8세 이상 게임 가능하다고 되어 있어요. 더 어린 연령의 아이와 함께 한다면 규칙을 살짝 완화해 주면 돼요.

게임 방법은 카드를 나눠 가진 다음 한 사람씩 돌아가면서 이야기꾼이 되는 거예요. 이야기꾼은 자신의 카드 한 장을 골라 그 카드의 그림을 설명해요. 한 단어부터 긴 단어나 문장으로 설명해도 좋아요. 감정을 표현하는 단어는 반드시 추가해야겠죠? 이야기꾼의 설명을 들은 다른 사람들은 자신의 카드에서 비슷한 카드를 한 장씩 내고, 이야기꾼은 그 카드를 모두 섞어요. 가운데 섞은 카드를 펼쳐 놓고 이야기꾼을 제외한 나머지 사람은 이야기꾼이 말한 카드를 찾아 토큰을 놓아요.

만일 모든 사람이 이야기꾼이 말한 카드를 맞히거나 혹은 다 틀리면 이야기꾼은 점수가 없어요. 이야기꾼은 어렵지도 쉽지도 않게 적절히 설명해야겠지요?

이때 이야기꾼이 아니라도 점수를 받을 수 있어요. 다른 사람에게 자신의 카드가 토큰을 받은 사람이에요. 그만큼 이야기꾼의 설명과 비슷한 카드를 냈다는 뜻이니까요.

처음에는 그림뿐인 카드라 당황스러울 수 있지만, 게임을 하다 보면 글자 없이 그림만 있는 것이 얼마나 자유로운 표현을 이끌어 내는지 알게 될 거예요.

이 게임은 다르게도 활용이 가능해요. '놀란', '편안한', '궁금한' 등 감정을 제시하고 어울리는 카드를 찾게 하는 거예요. 여기서 가장 중요한 것은 그 감정에 왜 이 카드를 선택했는지 그 이유예요. 아이에게 선택의 이유를 충분히 듣고 감정을 읽어 주면 돼요. 이 과정을 통해 아이는 즐겁게 게임도 하고 부모와 건강한 대화도 나눌 수 있어요. 아이는 자신의 감정을 표현하는 법을 배우고, 부모는 아이의 마음을 알게 되는 건 덤이겠지요.

우리는 언제나 책을 읽을 수 있어요

글, 그림 헬레인 베커, 마크 호프만   출판사 썬더키즈   연계 교과 국어 1-1 8. 소리 내어 또박또박 읽어요 / 1-2 1. 소중한 책을 소개해요

책 속으로

우리는 어디서든 책을 읽을 수 있다. 교실에서, 놀이터에서, 중요한 일을 할 때, 어둠에 숨어 있을 때도 어디서든 읽을 수 있다. 가끔 혼자 있고 싶을 때, 화장실에서, 우주선을 타고, 부엌에서도 책을 읽을 수 있다. 오페라를 보러 가서도, 발레를 하면서도, 오케스트라를 하면서도, 식사 시간에도 읽을 수 있다. 북극 해안가 마을에 가서도, 프랑스에 여행 가서도, 파티 드레스를 입고 있거나 팬티 한 장 걸치고 있어도 책을 읽을 수 있다. 다만 식사 시간 식탁에서 책을 읽는 것은 무례한 일이 되기도 하고, 길을 걸으며 책을 읽다가 이상한 걸 밟을 수도 있다.

읽을수록 알 것이다. 책 읽기가 굉장한 일이라는 것을. 언제 어디서나 할 수 있으니까.

시크릿한 책 속 이야기

이 책은 네 살배기 아들을 키우는 KBS 정세진 아나운서가 아이를 생각하며 다정하고 사랑스러운 문장으로 다듬었다고 해요.

아이가 글자를 더듬더듬 읽는 순간이 있어요. 얼마나 기쁘고 소중한지 몰라요. 이 책을 읽어 주면서 아이가 처음 글자를 읽던 순간을 떠올려 보세요. 더 다정하게 읽어 줄 수 있을 거예요.

그림책은 매우 효과적이고 따뜻한 방식의 커뮤니케이션 도구예요. 아이들이 부모와 독서를 하면서 얻는 것은 정보만이 아니예요. 함께 책을 읽으며 정서적 양분을 제공받는 거지요. 책을 읽어 주는 부모의 따스한 말투, 다정한 눈빛이 아이의 정서를 키워 준답니다.

책을 읽으면 얻을 수 있는 것이 참 많아요. 내가 몰랐던 것도 알게 되고, 가 보지 않은 세상을 여행할 수도 있어요. 특히 이 책은 운율이 살아 있는 책이라 아이와 함께 소리 내서 읽으면 어휘력의 기본인 올바른 발음을 익히며, 문장을 어떻게 읽어야 하는지도 알 수 있어요.

부모와 아이의 인사이트 확장을 위한 TIP

- 책 읽기의 기본은 소리 내서 읽기예요. 저는 아이들에게 글을 쓰고 나서 그 글이 제대로 쓰였는지 확인하려면 소리를 내서 읽으라고 해요. 소리를 내서 읽으면 어색하거나 한 호흡에 읽히지 않는 것이 있거든요. 소리 내서 읽지 않으면 알 수 없어요. 이렇게 읽을 때 입에 걸리는 문장을 수정하는 거지요.

  책을 읽을 때도 소리 내서 읽게 해 주세요. 표현이 입에 붙어야 자연스럽게 글로도 쓸 수 있어요. 소리 내서 읽는 것이 문해력을 키우는 첫걸음이랍니다.

세종 대왕님! 우리 글자 만들어 주세요

글, 그림 김학민, 김연정   출판사 한국톨스토이   연계 교과 국어 1-1 7. 생각을 나타내요 / 2-1 3. 마음을 나누어요 / 6. 차례대로 말해요 / 2-2 1. 장면을 떠올리며 / 4. 인물의 마음을 짐작해요 / 9. 주요 내용을 찾아요

책 속으로

옛날에는 우리 글자가 없어 중국의 한자를 빌려 썼다. 게다가 한자는 양반들만 아는 글자였기에 일반 백성들은 일상생활에서 답답한 일이 많았다. 이 모습을 본 세종 대왕은 모든 백성이 읽고 쓸 수 있는 쉬운 글자를 만들어야겠다고 생각했다.

세종 대왕은 집현전 학자들과 함께 우리글을 만들기 시작한다. 소리를 내는 입 모양을 본떠서 자음을 만들고, 하늘과 땅, 사람의 모양을 본떠 모음을 만든다. 그렇게 우리 글자인 훈민정음이 탄생했다. 한자를 옹호하는 양반들이 있었으나 백성들은 쉬운 한글을 익히고 편지를 쓰거나 소설을 써 책으로 펴내기도 했다.

이제 우리는 14개의 자음과 10개의 모음으로 무엇이든 소리 나는 대로 적을 수 있다. 수는 적지만 만 가지의 소리를 글로 쓸 수 있는 것이다. 컴퓨터로 글을 쓸 때도 다른 나라의 글자는 글자 수가 많아 빨리 입력할 수 없지만, 한글은 적은 글자 수로 몇 배나 빨리 적을 수 있다. 이런 특징 덕분에 한글은 독창성과 우수성을 인정받아 유네스코 세계기록유산으로 지정되었다.

시크릿한 책 속 이야기

5학년 1학기 사회 교과서에 이 책의 내용이 담겨 있어요. 한글에 대해 아는 것이 국어 공부에만 영향을 미치는 건 아니랍니다. 모든 교과는 서로 연계되어 있어요. 따라서 공부를 잘하기 위해서는 다양한 영역의 배경지식을 쌓는 것이 필요해요. 배경지식이 쌓이고, 학교 공부를 하면서 머릿속에선 이 내용들이 서로 거미줄처럼 얽혀 거대한 지식의 뜨개질이 이루어지거든요. 다양한 배경지식을 갖고 있는 아이들은 촘촘하게 뜨개질을 할 것이고, 배경지식이 얕은 아이들은 뜨개질이 듬성듬성하겠지요.

이 책을 읽으며 한글에 대한 내용이지만 사회 교과서에 실린 이야기를 꼭 해 주세요. 지금 하는 공부가 국어뿐만 아니라 다른 과목에도 도움이 될 거라는 말까지 덧붙인다면 아이들도 독서가 반드시 국어 공부만을 위한 게 아니라는 걸 깨닫게 될 거예요.

부모와 아이의 인사이트 확장을 위한 TIP

- 말로 하는 끝말잇기는 많이 해 봤겠지만 이번에는 글을 써서 해 보세요. 말로 하는 끝말잇기와 글로 하는 끝말잇기는 느낌이 많이 달라요. 말로 하는 끝말잇기는 말의 특성상 하고 나면 사라지지만 글로 하려면 맞춤법도 생각해야 하고, 글자를 직접 눈으로 보기도 해요. 어휘를 익히기에는 글로 하는 끝말잇기가 훨씬 좋답니다.

  또, 말로 한 것을 다시 글자로 써야 하니 말로만 할 때보다 한 단계 높은 학습도 가능해요. 쉽지만은 않으니 마음을 다지고 아이와 끝말잇기를 해 보세요.

나랏말ᄊᆞ미 듕귁에 달아 문ᄍᆞ와로 서르 ᄉᆞᄆᆞᆺ디 아니ᄒᆞᆯᄊᆡ 이런 젼ᄎᆞ로 어린 百姓이 니르고져 홇 배 이셔도 ᄆᆞᄎᆞᆷ내 제 ᄠᅳ들 시러 펴디 몯ᇙ 노미 하니라 내 이ᄅᆞᆯ 爲ᄒᆞ야 어엿비 너겨 새로 스믈여듧 字ᄅᆞᆯ ᄆᆡᇰᄀᆞ노니 사ᄅᆞᆷ마다 ᄒᆡᅇᅧ 수ᄫᅵ 니겨 날로 ᄡᅮ메 便安킈 ᄒᆞ고져 ᄒᆞᇙ ᄯᆞᄅᆞ미니라

현직 교사가 알려 주는

문해력 플러스 50
― 초등 중학년

아드님, 진지 드세요

글, 그림 강민경, 이영림   출판사 좋은책어린이   연계 교과 국어 활동 3-1 3. 알맞은 높임 표현

책 속으로

아침마다 범수와 엄마의 기상 전쟁이 일어난다. 그런데 늦잠보다 범수의 말 버릇이 더 문제이다. 엄마, 아빠, 할머니, 누나에게 툭툭 반말을 내뱉는 것이다. 범수는 결국 가족에게 한 소리씩 듣는다. 학교에서도 마찬가지다. 선생님에게 주의를 듣는다.

범수가 학교에서 돌아오자 엄마와 할머니는 높임말을 쓰며 범수를 왕자처 럼 떠받든다. 어리둥절했지만 진짜 왕자가 된 것처럼 우쭐해진다.

범수는 마트에서도 엄마에게 반말을 한다. 그런데 "아드님, 이건 어떠세 요?", "아드님, 이것도 살까요?" 하며 엄마가 높임말을 쓰며 쫓아다니자 사람 들이 범수와 엄마를 이상한 눈으로 힐끔거리며 수군거린다. 한 할머니는 범수 엄마에게 높임말을 쓴다고 호통까지 치자 범수는 마음이 상한다.

태권도 학원에까지 와서 엄마가 높임말을 하는 바람에 친구들이 범수에게 '하녀 엄마'를 뒀다고 놀린다. 태권도 학원에서 돌아오는 길에 마트에서 만난 할머니를 만나 꾸지람을 듣는다. 범수는 기분이 상해 마음대로 행동했다. 그런 데 알고 보니 그 할머니는 자기가 제일 좋아하는 민지네 할머니였다.

범수는 엄마가 자신에게 높임말을 쓰는 것이 불편하고 잘못되었다는 것을 깨닫는다. 범수는 엄마에게 용서를 빌고 높임말을 쓰기로 약속한다.

시크릿한 책 속 이야기

언젠가부터 아이들은 유행어와 은어, 줄임말을 많이 사용하고 있어요. 학급 아이들과 단체대화방을 운영하는데, 줄임말이 너무 많아 아이들이 사용하는 말을 알아듣기 힘든 경우가 많아요.

또 자녀를 권위적으로 대하지 않기 위해 가정에서 높임말을 쓰지 않는 경우도 많아요. 생각보다 많은 아이들이 부모님과 대화할 때 반말을 사용하더라고요. 그래서일까요? 요즘 아이들은 누구에게든 사용하는 말이 짧아졌어요.

높임말을 가장 먼저 배우는 곳은 가정이에요. 가정에서부터 높임말을 배워 습관화해야 해요. 가정은 가장 가깝고 친밀한 사람들이 함께 지내는 공간이에요. 익숙한 곳에서부터 높임말을 습관화해야 불편하거나 예의를 갖추어야 하는 곳에 가서도 높임말이 자연스럽게 나올 수 있답니다.

《아드님, 진지 드세요》는 가정에서의 언어 습관을 어떻게 바로잡을 것인지를 이야기하는 책이에요. 반말하는 범수를 야단치지 않고 오히려 극존칭을 사용해서 언어 습관을 바로잡는 엄마와 할머니의 지혜가 돋보여요.

말은 마음을 반영해요. 반말하는 상대에게는 자신도 모르게 편안하고 만만하게 대하고, 높임말을 하는 상대에게는 자신도 모르게 조심하게 된답니다.

공식적인 자리나 예의를 갖춰야 하는 자리에서는 높임말을 써야 한다는 걸 누구나 알지요. 그런데 높임 표현을 헷갈리는 아이들이 생각보다 많아요. 아마 높임말을 자주 쓰지 않아서 그럴 거예요. 높임말이 자연스럽게 몸에 배게 해야 합니다. 부모님에게 반드시 높임말을 쓰지 않더라도 자연스럽게 익힐 수 있게 가정에서 도와주면 아이는 훨씬 더 예의 바르고 반듯하게 자랄 거라 믿어요.

- 높임 표현에는 주체 높임, 객체 높임, 상대 높임의 3가지가 있어요. 말할 때 높일 수 있는 것은 말하는 사람이 자신의 말에서 주어, 말하는 사람이 자신의 말에서 주어가 아닌 사람, 그 말을 듣는 사람이에요. 주어를 높이면 주체 높임, 말하는 사람의 말에서 주어가 아닌 사람을 높이면 객체 높임, 듣는 사람을 높이면 상대 높임이에요.

1. 주체 높임 : 주어를 높이는 표현

주어 뒤에 '-께서'를 쓰고, 서술어에 '-시-'나 특수한 용언(계시다, 드시다, 주무시다 등)을 사용하는 거예요.

- 철수가 간식을 먹는다.
- 선생님께서 간식을 드신다.

그런데 간접 높임이 있는데, 이때는 주어가 아니라 그 주어와 관련된 것이나 신체 일부를 높이기도 해요.

- 선생님은 따님이 계시다. (×)
- 선생님은 따님이 있으시다. (○)

2. 객체 높임 : 주어가 아닌 목적어나 부사어를 높이는 표현

'-께'와 특수한 용언(드리다, 뵙다, 모시다 등)을 사용하는 거예요.

- 나는 철수에게 과일을 주었다.
- 나는 선생님께 간식을 드렸다.

3. 상대 높임 : 듣는 사람을 높이거나 낮추는 표현

상대 높임은 문장 종결을 통해 드러내요.

- **철수야**, 여기 **앉아라.** (상대를 낮춤)
- **선생님**, 여기 **앉으세요** (상대를 높임)

높임 표현은 우리말에서 아주 중요해요. 꼭 올바른 높임 표현을 익히길 바라요.

세종 대왕, 세계 최고의 문자를 발명하다

글, 그림 이은서, 김지연   출판사 보물창고   연계 교과 국어 4-1 9. 자랑스러운 한글

책 속으로

세종 대왕의 본래 이름은 '이도'이며 '충녕대군'으로 불렸다. 어렸을 때부터 지독한 책벌레였던 충녕은 조선 3대 임금 태종의 셋째 아들이다.

고려를 섬기던 옛 신하들이 조선의 관직에 발을 들이지 않아 인재가 부족했다. 그래서 세종 대왕은 궁궐 안 학문 기관인 집현전을 부활시켰다. 또 장영실처럼 신분의 고하를 떠나 능력이 있으면 모두 등용했다. 그 덕에 자동으로 시간을 알려 주는 물시계인 '자격루'와 비의 양을 측정하는 '측우기' 등의 발명품이 만들어졌다. 그 외에도 중국에서 들여온 농사 책이 우리나라와 맞지 않아 《농사직설》을 펴내기도 했고, 백성들이 법을 몰라 죄를 짓는다고 여겨 그림이 함께 실린 《삼강행실도》를 편찬해 백성들을 가르치기도 했다. 하지만 근본적으로 글을 읽지 못하는 백성들에게 책이 무용지물임을 알고 조선의 문자를 만들기로 결심한다.

그 후 세종 대왕은 명나라와 일본에서 언어학 서적을 구해 읽으며 새 문자를 만드는 데 온 힘을 쏟았다. 시력과 건강을 잃어 가면서 10여 년을 연구한 끝에 자음 17자, 모음 11자인 훈민정음 28자를 완성하고 발표했다. 그러나 많은 신하가 새 문자의 사용을 반대했다.

하지만 세종 대왕은 신하들의 반대에도 훈민정음이 널리 쓰일 수 있도록 노력했다. 그러나 그 후 눈도 거의 보이지 않고 혼자 움직이기 어려울 만큼 건강이 악화된 세종 대왕은 쉰넷의 나이로 눈을 감는다.

시크릿한 책 속 이야기

벌써 한글이 반포된 지 500여 년이 지났어요. 한글은 1443년 세종 대왕이 만든 글자예요. 우리 고유의 글자가 없어 백성들이 글자를 읽고 쓸 수 없어서 세종 대왕이 집현전 학자들과 함께 한글을 만들어 냈지요.

중학생이 되면 훈민정음의 창제 원리에 대해 배워요. 자음과 모음은 발음 기관과 세상 사물의 모습을 본뜨고, 그것들을 합쳐서 만들어 냈답니다.

창제 원리를 가르칠 때마다 한글의 과학성에 감탄해요. 겨우 24개에 불과한 한글의 자음과 모음이 다양하게 결합해서 이 세상의 모든 소리를 글자로 표현할 수 있다니 놀랍지 않나요? 그래서 한글은 인류 역사상 가장 뛰어난 문자라고 한답니다.

지금은 바야흐로 K-POP 시대예요. K-POP과 더불어서 함께 관심을 받고 있는 것이 한글이라고 해요. 우리 문화를 향유하던 외국인들이 처음에는 한글의 조형적인 아름다움에 매료되고, 한글의 익히기 쉽다는 점에 다시 매료된다고 해요. 우리말을 배우는 외국인이 늘고 있다니 한국인으로서 굉장히 뿌듯한 마음도 들어요. 한국어를 사용하는 인구가 세계 13위라니 정말 놀랍지 않나요?

그런데 정작 우리나라에서는 한글날의 유래나 훈민정음의 창제 및 반포 배경을 모르는 국민이 약 50퍼센트 정도라고 해요. 또 많은 청소년이 근원을 알 수 없는 비속어, 은어, 축약어 등을 남용하고 있어요.

이 책을 읽으면서 세종 대왕의 숭고한 정신을 알고, 우리 한글을 더 소중하게 여기기를 바라요.

- 우리나라에 한글 관련 박물관이 여럿 있다는 걸 아나요? 가까운 곳에 나
  들이 삼아 다녀오기를 추천합니다.

- 국립한글박물관

  주소 서울시 용산구 서빙고로 139

  운영 시간 월-금, 일 10:00-18:00 / 토 10:00 - 21:00 (입장 마감 폐관 30분 전까지)

  ※한글놀이터(3층) 온라인 사전 예약 후 이용 가능(개인, 단체)

  휴관일 새해 첫날, 설날·추석 당일

  관람료 무료

- 한국한글박물관

  주소 충북 충주시 중앙탑면 가곡로 2077

  운영 시간 10:00-17:00

  휴관일 매주 월요일, 공휴일

  관람료 어른 5,000원, 어린이 4,000원

- 김해한글박물관

  주소 경남 김해시 분성로 221

  운영 시간 화-일요일 9:00-18:00

  휴관일 매주 월요일, 새해 첫날, 설날·추석 당일

  관람료 무료

주시경 ★대한민국 교육브랜드 초등 위인전 부문 대상

글, 그림 이은정, 김혜리   출판사 비룡소   연계 교과 국어 4-1 9. 자랑스러운 한글

책 속으로

주시경은 소리 나는 대로 글자가 되는 훈민정음이 우리나라 사람들에게 필요한 진짜 글자라고 생각한다. 신학문을 가르쳐 준다는 선생님의 집에 가서 우리나라의 위기를 깨달은 주시경은 과거 시험을 포기하고 훈민정음을 제대로 공부한다. 우리말을 바로잡기로 결심한 주시경은 독립운동가 서재필을 만나 우리글로 된 최초의 신문인 《독립신문》의 교정을 맡는다.

주시경은 《독립신문》 간행 건으로 억울한 옥살이를 했으나 사람들의 도움으로 풀려난다. 그때부터 《독립신문》 간행에 힘쓰는 한편 우리말 자음과 모음의 특징, 발음 원리, 훈민정음이 만들어진 과정을 실어 우리말에 얼마나 큰 뜻이 있는지 알리는 우리글 문법책 《대한 국어 문법》 원고를 완성한다.

또 훈민정음의 뜻은 좋지만 한문 이름이라 오랜 궁리 끝에 '하나이자 크고 바른 글'이라는 뜻을 담아 '한글'이라고 이름을 짓는다. 그리고 뜻을 같이 하는 사람들과 함께 첫 번째 국어사전인 《말모이》를 만든다. 그러나 일제의 간섭과 방해가 심해져 주시경은 39세에 병으로 세상을 떠난다.

부록에는 주시경이 한글을 연구하여 쓴 책을 살펴보고, 최초의 한글 신문인 《독립신문》의 역사적 의미도 살핀다. 또 주시경과 함께한 국어학자들도 알 수 있다.

시크릿한 책 속 이야기

아이가 태어나면 부모님은 의미를 고심해서 아이의 이름을 짓습니다. '한글'이라는 이름도 마찬가지예요. 처음부터 한글이라고 이름이 만들어진 건 아니었어요. 세종 대왕이 처음을 만들었을 때는 '훈민정음'이라는 이름으로 지어졌고, 그 후 오랫동안 평민이나 여자들이 사용하는 말이라 천시당하면서 '언문', '암클' 등으로 불리기도 했어요.

제대로 된 이름도 없이 불리는 우리말을 보며 안타까워하던 사람이 있었어요. 그분이 주시경 선생이에요. 주시경 선생은 우리 고유어를 살리고 그 뜻을 알리기 위해 애썼지요. 우리말에 대한 애정이 없었다면 이렇게 노력하기 힘들었을 거예요. 이 책은 한글을 정립한 주시경 선생의 이야기예요. 주시경 선생의 삶을 따라가면 우리말과 글의 소중함을 느낄 수 있어요.

부모와 아이의 인사이트 확장을 위한 TIP

• 서울 종로구 새문안로에 한글 가온길이 있어 한글에 대해 생각하고 즐길
  수 있어요. 그 근처 주시경 선생의 일대기를 살필 수 있는 주시경 마당도
  있고요. 가볍게 나들이 다녀오면 한글이 한결 친숙하게 느껴질 거예요.

• 주시경 마당

  주소　　　서울시 종로구 새문안로 3길

  운영 시간　상시, 연중무휴

  관람료　　무료

주시경 선생

또 추천하고 싶은 곳이 있어요. 바로 주시경 선생을 만나 한글학자로서의 인생을 시작한 한글 지킴이 외솔 최현배 선생의 기념관이에요. 시간이 된다면 최현배 선생의 기념관에도 가 보세요.

- 외솔 최현배 선생 기념관

  주소   울산광역시 중구 병영 12길 15

  운영 시간   9:00-18:00 (입장 17:00)

  휴관일   매주 월요일, 새해 첫날, 설날·추석 당일

  관람료   무료

매일매일 힘을 주는 말

글, 그림 박은정, 우지현   출판사 개암나무   연계 교과 국어 4-2 2. 마음을 전하는 글을 써요

책 속으로

　이 책에는 '안녕', '좋아', '고마워', '미안해', '괜찮아', '할 수 있어', '같이 하자', '잘했어', '멋지다', '사랑해', '행복해', '잘 가' 등 우리가 매일 사용하는 말 중에서 힘을 주는 12가지 말에 대한 내용이 담겨 있다. 커다란 그림과 '좋아' 등의 힘을 주는 말이 어떻게 사용되는지 만화컷처럼 표현된다.

　매일매일 힘을 주는 말 하나당 3가지 테마가 있는데 첫째는 그 말이 언제 필요한지, 누구에게 필요한지 이야기하는 내용이 두 쪽에 걸쳐 펼쳐진다. 둘째는 그 말로 인해 나도 어떻게 행복해지고, 상대방도 행복해지는지 이야기하는 내용이 두 쪽에 걸쳐 펼쳐진다. 셋째는 그 말로 인해 내가 경험하거나 원하는, 꿈꾸는 것들을 표현하는 활동이 두 쪽에 있다.

　이렇게 하나의 단어마다 6쪽가량으로 구성되어 힘을 주는 말을 다양하게 사용하는 상황을 살펴볼 수 있다.

시크릿한 책 속 이야기

양파 실험을 알고 있나요? 똑같은 양파를 키우면서 한쪽에는 긍정적이고 좋은 말을 사용하고, 한쪽에는 부정적이고 나쁜 말을 사용해요. 몇 달이 지난 뒤 긍정적이고 좋은 말을 사용한 양파는 쑥쑥 잘 자랐지만, 부정적이고 나쁜 말을 사용한 양파는 잘 자라지 않았다고 해요.

우리 아이들도 마찬가지예요. 매일매일 야단맞고 혼나면 아이는 쑥쑥 자랄 수 없어요. 아이에게는 매일매일 힘을 주는 말이 필요해요. 참 신기하게도 힘을 주는 말을 계속 해 주면 아이도 힘을 주는 말을 사용해요. 자연스레 다른 사람들과의 관계가 더 좋아질 거예요.

주변을 살펴보면 인사조차 주저하는 아이들이 꽤 있어요. 또 분명 고맙거나 행복한 감정은 느끼지만 그것을 말로 표현하는 힘이 부족해서 어떻게 말해야 할지 고민하는 아이들도 있어요. 아이들에게 긍정적인 감정을 어떻게 표현하는지 알려 줘야 합니다.

이 책에는 일상생활에서 자주 사용하는 말 중에서 긍정적이고 행복한 말들이 나와요. 우리가 흔히 쓰는 '안녕', '고마워' 등의 인사말과 긍정적인 감정을 표현하는 말들을 엮어 평범하게 사용하는 말의 따스한 힘을 이야기합니다.

문법에 맞는 말을 사용하는 것도 좋지만 상황을 부드럽게 만들어 주는 말을 사용하는 것도 올바른 언어생활이 아닐까 해요. 또 그 사람이 사용하는 말을 통해 인성을 가늠할 수도 있지요.

이 책은 4학년 교과서에 실려 있지만, 책의 구성을 봤을 때는 저학년에게 좀 더 어울리지 않을까 하는 생각이 들어요. 저학년부터 활용해 보는 건 어떨까요?

부모와 아이의 인사이트 확장을 위한 TIP

• 우리의 행동은 무의식 중에 다양한 요소의 영향을 받아요. 하나하나의 요소가 결합되어서 현재 나의 생각과 행동을 만들어 냅니다.

 재미난 실험 결과가 있어요. 실험 집단에게는 '주름', '은퇴', '늙은', '나이든' 등 노인에 대한 고정관념과 관련된 단어를 5개씩 제시하고, 이 중 4개의 단어로 문장 30개를 만드는 과제를 수행하게 했어요. 반면 통제 집단에게는 노인과 무관한 단어로 같은 과제를 수행하게 했어요. 두 집단 모두 단어 사용의 융통성 실험으로 알고 과제를 수행했지요. 과제를 마친 후 참여자들에게 실험이 끝났다고 안내했어요. 물론 진짜 실험은 지금부터였지요. 참여자들이 엘리베이터로 걸어가는 속도를 측정했어요. 그랬더니 노인과 관련된 단어를 수행했던 실험 집단의 걸음 속도가 통제 집단보다 훨씬 느렸다고 해요.

 이렇게 무관해 보이는 사건이 서로 영향을 받아 처리되는 현상을 '점화효과(priming effect)'라고 해요. 이 실험에서는 노인과 관련된 단어들이 점화 자극으로 볼 수 있겠지요. 실험자들은 인식하지 못했지만 이 점화 자극이 실제 행동에 영향을 미친 거예요.

평소 아이와 긍정적인 대화를 주고받으면 아이는 생각과 행동이 긍정적인 아이로 자랄 거예요. 당연히 글을 쓸 때도 긍정적인 어휘를 많이 사용할 겁니다. 그러니 아이와 대화할 때 긍정적인 어휘를 많이 사용해 주세요.

멸치 대왕의 꿈

글, 그림 이월, 이종균   출판사 키즈엠   연계 교과 국어 4-2 9. 감동을 나누며 읽어요

책 속으로

옛날 동해 바다에 삼천 살 먹은 멸치 대왕이 살고 있었다. 멸치 대왕은 어느 날 갑자기 몸이 하늘 높이 휙 치솟았다가 금세 아래로 뚝 떨어지고, 함박눈이 펑펑 내리다가 날씨가 더웠다 추웠다를 반복하는 묘한 꿈을 꾼다.

희한한 꿈을 꾼 멸치 대왕은 고민하다가 재빠른 가자미를 불러 꿈 풀이를 잘한다는 서해 바다 망둥이를 데려오라고 한다. 가자미는 갖은 고생을 하며 망둥이를 힘겹게 데려온다. 그러나 멸치 대왕은 가자미에게 고맙다는 말조차 하지 않고 망둥이만 극진히 대접한다.

망둥이는 멸치 대왕의 꿈 이야기를 듣고 용이 될 꿈이라 풀이한다. 자신의 수고를 몰라주는 멸치 대왕에게 화가 난 가자미는 그 말을 듣고 멸치 대왕이 구이가 될 꿈이라고 해석한다. 화가 난 멸치 대왕은 가자미의 뺨을 세게 친다. 그 바람에 가자미의 눈이 한쪽으로 몰린다. 가자미가 넘어지며 메기 머리통 위에 주저앉아 버리고, 메기의 머리는 눌려 납작해진다. 옆에 있던 병어는 웃음을 참으려고 입을 오므리다 입이 오므라든다. 새우는 그런 물고기들의 모습을 보며 배를 잡고 웃다가 허리가 굽어 버린다.

시크릿한 책 속 이야기

가자미의 눈이 왜 한쪽으로 몰렸는지, 메기의 머리가 왜 납작한지, 병어의 입이 왜 작은지, 새우의 허리가 왜 굽었는지 이 책을 읽으면 알 수 있어요.

관용어는 둘 이상의 낱말이 합쳐져 원래 뜻과 다른 뜻으로 굳어져서 쓰이는 표현이에요. 관용어를 활용하면 길이는 짧지만 전하고 싶은 생각을 효과적이고 재미있게 표현할 수 있어요. 우리말을 더 풍성하게 사용할 수 있지요. 또 비유적 상황을 빗대어 표현하는 능력을 길러 주어 주어진 상황을 한 번 더 생각하게 돕기도 해요. 이처럼 관용어는 말하기와 듣기 모두 풍성하게 만들어 주는 표현입니다. 교육과정에서도 한자와 속담 단원이 따로 편성되어 있는 이유가 있지요.

전래 동화에는 관용어가 많이 나와요. 아무래도 오랫동안 입에서 입으로 전해지던 이야기라 사람들이 많이 사용하던 관용어가 전래 동화에도 반영되어 있답니다. 전래 동화를 재미있게 읽다 보면 자연스럽게 관용어의 쓰임새와 뜻을 익힐 수 있고, 오래 기억할 수도 있어요. 이렇게 익힌 관용어를 사용해 글을 쓰거나 대화를 나누면 어휘력이 크게 늘 거예요.

부모와 아이의 인사이트 확장을 위한 TIP

• 관용어를 익히기 위해서 전래 동화를 읽는다면 일주일에 한 편 정도면 충분해요. 대신 전래 동화를 읽고, 그 안에서 관용어를 찾아 그 뜻이 무엇인지 쓰게 해 주세요. 이 활동을 통해 관용어의 뜻을 알고 적재적소에 관용어를 사용할 수 있게 될 거예요.

관용어	숨은 뜻

초희의 글방 동무 ★경기도 학교도서관 사서협의회 추천 도서(2015)

글, 그림 장성자, 최정인   출판사 개암나무   연계 교과 국어 활동 4-2 6. 본받고 싶은 인물을 찾아봐요

책 속으로

초희의 어머니 김씨 부인은 혼기가 다 되어 가는 딸이 살림에는 관심이 없고 책 읽기에만 마음 쓰는 것이 걱정이다. 그래서 김씨 부인은 초희에게 수 놓기, 부엌일을 시키지만 초희는 책 읽기가 더 좋다. 초희는 졸고 있는 여주댁을 보고 몰래 엉덩이 밑에 있던 책을 꺼내 읽는다.

수 놓은 것을 보러 온 어머니에게 혼나 기분이 좋지 않은 초희에게 갑분이가 숨바꼭질을 제안한다. 숨을 곳을 찾던 초희는 아버지의 사랑채에 멈춰서 책을 읽는다. 책을 읽던 초희는 잠이 든다. 초희를 찾은 김씨 부인은 초희에게 시집에 들어가 살기 위해서는 집안일을 알아야 한다며 야단친다.

동생인 허균은 스승님께 학문을 배우지만 자신은 배우지 못한다는 사실이 초희는 마음에 들지 않는다. 그때 초희의 혼처 자리인 부인이 와서 글공부를 하고 싶어 하는 초희를 못마땅하게 바라본다.

초희는 학문에 대한 이야기를 나누고 싶은 마음에 갑분이와 오라버니 친구인 이달 선비를 찾아 남산으로 향한다. 집안일을 열심히 배우는 척하면서 김씨 부인 몰래 스승을 찾으러 나서지만 찾지 못한다.

스승을 직접 찾아 나서는 초희를 위해 오빠 허봉은 이달에게 초희를 부탁한다. 허봉은 초희를 보면서 남자인 자신이 글을 읽고 공부하는 것이 얼마나 큰 행복인지 알게 되었다고 한다. 그리고 초희에게 책 두 권, 붓, 벼루, 먹의 글방 동무를 선물하고 격려한다. 오빠 허봉, 동생 허균, 이달과 허초희는 함께 마음껏 책을 읽고 시를 짓는 글방 동무가 되기로 한다.

책의 뒤편에는 허난설헌의 초상화와 허난설헌의 삶에 대해 자세히 설명한다.

시크릿한 책 속 이야기

　허난설헌의 어릴 적 이름은 초희예요. 허난설헌은 《홍길동전》을 쓴 허균의 누이고요. 조선 시대 여인의 이름이 지금까지 전해지는 이는 몇 없어요. 허난설헌의 이름이 지금까지 전해진다는 건 조선 시대에 여류 시인으로서 이름을 널리 알렸다는 뜻이겠지요. 허난설헌은 훌륭한 시를 많이 썼는데, 대부분 그녀의 유언에 따라 불타 없어졌어요. 다행히 허균이 몇 편을 모아 《난설헌집》을 펴내서 유일하게 전해지고 있어요.

　허난설헌은 재능이 뛰어난 여인이었어요. 특히 둘째 오빠였던 허봉이 허난설헌의 재능을 아꼈고, 허난설헌 역시 오빠를 많이 의지했다고 해요. 하지만 조선은 남성 중심 사회였기 때문에 여자는 자신의 재주를 꽃피울 수 없었어요. 안타깝게도 허난설헌은 재주를 마음껏 꽃피우지 못하고 15세에 시집 가 27세의 젊은 나이로 세상을 떠날 때까지 불운하게 살았답니다.

부모와 아이의 인사이트 확장을 위한 TIP

• 허균과 허난설헌을 기념하기 위해 2007년 설립된 공원이 있어요. 이곳에
가면 허균과 허난설헌의 생가와 기념관, 경포대 등을 관람할 수 있어요.
생가는 강원도 문화재자료 제59호로 지정되어 관리가 꽤 잘되고 있어요.
기념관에는 뛰어난 문인이었던 허균과 허난설헌, 그들의 아버지와 형제
의 기록이 담겨 있어요.

기념 공원 근처에는 초당두부가 유명한데요. 초당두부는 허균과 허난설헌
의 아버지가 만들었어요. 삼척 부사로 부임한 허난설헌의 아버지 허엽이
집 앞의 샘물 맛이 좋아 그 물로 콩을 가공하고 깨끗한 바닷물로 간을 맞
춰 두부를 만들기 시작했어요. 이후 두부 맛이 유명해지자 허엽이 자신의
호인 '초당'을 붙여 초당두부가 만들어졌다고 해요. 처음에는 순두부에 간
장 양념을 얹어 먹다가 찾는 사람이 많아지면서 밥과 반찬까지 식사로 즐
길 수 있게 되었답니다. 허균, 허난설헌의 기념 공원에 들렀다가 초당두부
까지 함께 먹고 오면 멋진 나들이가 될 거예요.

- 허균, 허난설헌 기념 공원

  주소   강원도 강릉시 난설헌로 193번길 1-29

  운영 시간   9:00~18:00

  휴관일   매주 월요일

  관람료   무료

허난설헌

아! 깜짝 놀라는 소리

글, 그림 신형건, 강나래·김지현   출판사 끝없는이야기   연계 교과 국어 3-1 1. 재미가 톡톡톡

책 속으로

　　1부 〈물방울 물방울 물방울 눈들〉, 2부 〈푸르른 그늘로 날아오르기 위해〉, 3부 〈꽃들에게 가서 그 얼굴 좀 보여 주렴〉, 4부 〈야, 저어기 음표 하나가 돌아다닌다〉로 나뉘어 51편의 동시가 수록되어 있다.

　　비 오기 시작할 때 보이는 토란잎, 비 온 뒤에 거미줄에 맺힌 물방울, 아름다운 새소리 등 어른의 눈에는 사소하고 평범해 보이는 것들이 아이들의 눈에는 '아!'라는 탄성을 자아낼 수 있는 호기심 가득한 대상이 될 수 있다는 것을 깨닫게 한다.

시크릿한 책 속 이야기

중학교 2학년 1학기 국어 교과서(미래엔)에 〈넌 바보다〉라는 시가 나와요. 그 시를 통해 우리말의 아름다움을 살필 수 있었어요. 이 책은 〈넌 바보다〉라는 시를 쓴 신형건 시인의 시집이랍니다.

"아!"라는 소리를 들으면 어떤 느낌이 드나요? 주로 놀랐을 때 내는 소리죠. 긍정적으로 놀랐을 때나 부정적으로 놀랐을 때 어조는 좀 다르지만 '아!'라는 감탄사를 내죠.

어린아이일 때는 호기심이 많고 관찰력이 좋아 항상 새로운 것을 발견하고 "아!" 하고 놀라는 일이 많아요. 하지만 어른이 되면 삶이 힘들어서일까요? 그런 감탄은 줄어들지요.

〈아! 깜짝 놀라는 소리〉는 2010년 제88회 어린이날을 축하하며 지은 시라고 해요. 10여 년이 지났지만 지금도 읽으면 어린아이 같은 천진난만한 시인의 시선에 감탄이 나온답니다.

아이일 때만 할 수 있는 표현이 있어요. 어른이 되면 절대 느낄 수 없는 표현들. 이 시는 어른이 썼지만 아이들이 말하는 듯한 표현이 등장해요. 시인이 동심을 갖고 있기 때문이겠죠.

꼭 시인이 아니어도 우리 아이들도 참신한 표현을 내뱉는 경우가 자주 있어요. 단순히 어휘력을 키운다고 되는 건 아니에요. 아이와 함께 아름다운 시를 자주 읽으면서 느낌을 나누면 동심을 키워 갈 수 있어요.

부모와 아이의 인사이트 확장을 위한 TIP

• 감탄사는 9품사 중의 하나로 말하는 사람의 놀람, 느낌, 부름, 응답 따위를 나타내는 말이에요. 감탄사의 모양은 변하지 않아요. 또 감탄사는 국어의 단어 중 가장 독립적이에요. 문장 속의 다른 단어나 문법 요소와 관련 없이 독립적으로 사용되거든요. 그래서 생략해도 다른 말에 크게 영향을 주지 않지요.

감탄사 중 감정이나 느낌을 나타내는 어휘는 말하는 사람의 억양, 표정, 몸짓에 따라 의미가 달라지기도 해요.

- **와**, 책을 잘 읽는구나. (감탄)
- **와**, 너 엄마 말 안 들을래? (화남)
- **와**, 진짜 아깝다. (아쉬움)

세 문장 모두 '와'가 들어갔지만 말의 높낮이, 표정, 몸짓에 따라 의미가 달라질 수 있어요. 감탄사는 이렇게 굉장히 주관적이기도 하지요.

감탄사를 어떻게 사용하느냐에 따라 말의 느낌이나 의도도 달라지겠지요? 감탄사에 어울리는 표정이나 손짓, 어조 등이 더해지면 그 말의 의미가 더 잘 살아나요. 감탄사를 세련되게 잘 사용하면 말하는 의도를 더 명확하게 드러낼 수 있고요.

아이와 대화를 나눌 때 감탄사를 많이 사용해 주세요. 아이의 표현력을 쑥쑥 키울 수 있어요.

프린들 주세요

글, 그림 앤드루 클레먼츠, 양혜원   출판사 사계절   연계 교과 국어 3-1 9. 어떤 내용일까

책 속으로

장난꾸러기 닉은 5학년이 되어 그레인저 선생님을 만난다. 그레인저 선생님은 사전의 중요성을 강조한다. 그러던 어느 날 닉은 개를 '개'라고 부르는 건 그렇게 부르자고 약속한 것이기 때문에, 다른 이름으로 부르기로 약속해서 그렇게 부르면 사전에 그 말이 올라갈 거라는 이야기를 듣는다.

닉은 친구들과 펜을 '프린들'이라 부르기로 한다. 처음에는 몇몇 친구만 그렇게 불렀으나 점점 일이 커져 5학년 전체가 프린들이라는 말을 사용한다. 그레인저 선생님은 그 단어를 사용한 아이에게 반성문을 쓰게 한다. 그러나 점점 많은 아이들이 프린들이라는 단어를 사용하고 반성문을 쓰느라 집에 늦게 오면서 학부모의 항의 전화가 빗발친다. 이 사건은 지역 신문에 실린다.

프린들이라는 이름을 단 펜, 모자까지 나오고 닉은 점점 유명해진다. 닉은 기자들과 인터뷰까지 하게 된다. 시간이 지나고 프린들 열풍은 사라진다.

닉은 자신의 생각이 크게 번지는 것을 보고 점점 조용하고 조심성 많은 아이로 변한다. 닉은 대학생이 되어 그레인저 선생님의 편지를 받는다. 그 편지를 통해 프린들 사건 때 그레인저 선생님이 닉과 맞서 싸운 것처럼 보였지만, 사실은 오히려 닉을 응원하고 있었다는 것을 깨닫는다.

시크릿한 책 속 이야기

이 책은 기발한 아이디어를 가진 소년 닉이 '펜'이라는 말 대신 '프린들'이라는 말을 사용하면서 일어나는 소동을 재미있게 그려 낸 동화예요.

닉과 그레인저 선생님이 '프린들'이라는 새로운 단어를 중심으로 벌이는 전쟁이지요. 그레인저 선생님은 언어와 책 읽기의 중요성을 늘 강조하고 사전을 찾게 하는 진지한 선생님이에요. 엉뚱한 닉이 선생님의 수업 방식에 반기를 든 거지요.

그레인저 선생님은 겉으로는 닉의 프린들에 맞서 싸우는 것 같지만 끝까지 읽어 보면 알 수 있듯이 프린들이라는 단어가 널리널리 퍼질 수 있도록 몰래 돕는 역할을 했어요. 하지만 이 부분은 이 소설의 극적인 반전이니 아이들에게는 비밀로 해 주세요. 이 반전에서 큰 감동을 얻을 테니까요.

언어의 사회성을 설명하기에 가장 적절한 동화라 초등 중학년에게 권하지만 중고등학생 때 다시 읽는 작품이기도 해요. 그러니 초등학생 때 꼭 미리 읽기를 권해요.

- '프린들'은 닉이 친구들과 장난으로 만든 단어가 퍼지면서 생명력을 얻게 된 단어예요. 이렇게 사회 구성원의 약속에 따라 단어가 새로 만들어지거나 사라지는 것을 '언어의 사회성'이라고 해요. 요즘 십 대들이 많이 사용하는 여러 줄임말도 어떻게 보면 사회성을 가진 언어지요. 이런 것을 보면 우리 언어는 정말로 살아서 꿈틀거리는 것 같아요.
여러분은 신조어를 얼마나 알고 있나요? 부산광역시교육청에서 신조어 모의고사를 만들었다고 해요. 아래의 QR코드를 참고해서 아이와 함께 신조어 모의고사를 풀고 이야기를 나눠 보는 건 어떨까요?

남아공? 무물보? PASS 진짜 이런 걸 쓴다고?
신조어 모의고사
부산광역시교육청 부산교육TV

예쁜 우리말 사전

글, 그림 박남일, 류성민·이승진·조장호   출판사 파란자전거   연계 교과 국어 3-1 7. 반갑다,
국어사전 / 4-1 7. 사전은 내 친구

책 속으로

　　1부 〈하늘과 땅〉, 2부 〈날씨와 때〉, 3부 〈동식물과 사물〉, 4부 〈사람의 몸과
마음〉, 5부 〈모둠과 살이〉의 주제로 나누어져 있다. 주제별로 갓밝이, 볕뉘, 으
스름달, 개울, 서리가을, 털붙이, 개똥참외, 나비눈, 손갓, 미쁘다, 두절개, 오지
랖, 풀땜질 등 200여 개의 아름다운 우리말을 재미있는 그림과 함께 사전처럼
뜻풀이해 두었다. 마지막에는 '기쁨이의 일기' 형식으로 단어들을 어떻게 활
용하는지 문장을 제시한다.

시크릿한 책 속 이야기

요즘 아이들은 외래어나 신조어에 익숙해 자신이 사용하고 있는 말이 올바른 표현인지 아닌지조차 잘 모르는 경우가 많아요. 제가 국어 교사라 그런지 그런 말들이 귀에 걸려서 들을 때마다 다시 올바른 표현으로 바꾸어 주어도 금세 잊고 다시 잘못된 표현을 사용해요.

언어학자인 촘스키는 '언어 습득 장치'에 대해 이야기했어요. 언어를 습득하기 위한 기간이 있고, 그 기간에 언어를 제대로 습득하지 못하면 평생 제대로 습득할 수 없다고요. 가장 대표적인 예가 '늑대소년'이지요. 언어 습득 장치는 13세 정도가 되면 소멸한다고 해요. 그러니 13세 이전에 아이들에게 아름다운 말을 많이 들려줘야 해요. 기왕이면 그 아름다운 말이 어떤 뜻을 가지고 있는지, 그 말이 어떻게 쓰이는지도 알면 더 좋겠지요. 이런 아름다운 단어들을 많이 알면 어휘력도 쑥쑥 자랄 거예요.

《예쁜 우리말 사전》을 읽으면서 아름다운 우리말을 새롭게 배우고, 그 말을 사용한 이야기를 읽으면서 어떻게 활용되는지를 살펴서 글쓰기 실력과 말하기 실력도 키워 보는 건 어떨까요?

부모와 아이의 인사이트 확장을 위한 TIP

• 예쁜 우리말 빙고 놀이는 어떨까요? 5×5 빙고도 좋고, 6×6 빙고도 좋아요. 7×7 빙고는 시간이 너무 많이 소요되어서 아직 초등학생인 아이들에게는 추천하지 않아요. 아이와 함께 책에 있는 단어로 빙고를 해 보세요. 빙고를 할 때 자신이 외친 단어의 뜻도 꼭 함께 설명하게 해 주세요.

5×5 빙고

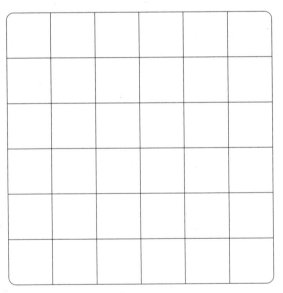

6×6 빙고

초등 전과목 어휘력 사전

글, 그림 정명숙, 누똥바   출판사 다락원   연계 교과 국어 4-1 7. 사전은 내 친구

책 속으로

이 책은 초등 전 학년, 전 과목의 필수 어휘를 담고 있다. 국어·수학·사회·과학·예체능으로 나누고, 각 과목별 하위 영역으로 나누어서 단어를 수록하고 뜻을 설명한다. 단어에 고유어와 외래어, 한자어를 구분할 수 있도록 표시해 놓았다. 그 아래 잘못된 표현, 영어 단어, 비슷한 말이나 반대말 등을 넣어서 어휘의 폭을 한 단계 넓힌다.

예를 들어, '바람'이라는 단어가 나오면 잘못된 표현인 '바램'을 제시해 '바람'과 '바램'이 어떻게 다른지 살피고 올바른 표현을 공부하도록 한다. 수학의 경우에는 '가분수'를 제시했다면 함께 살펴보면 좋은 '진분수'나 '대분수' 등의 어휘를 제시해 글을 읽는 것만으로도 비슷한 어휘의 범주를 알 수 있게 구성했다.

시크릿한 책 속 이야기

이 책에는 초등학교 전 학년, 전 과목의 필수 교과 어휘가 담겨 있어요. 각 교과 어휘를 과목별, 세부 영역별로 분류해서 설명하고 있어요.

수업 시간 아이들의 질문에 진도 나가기 어려울 때가 많아요. 조금 수업하다 보면 한 명이 손을 들고 질문해요.

"선생님, 이건 무슨 뜻이에요?"

"아, 그건 이런 뜻이야."

다시 수업을 하려면 다른 아이가 또 손을 들고 질문하지요. 이렇게 모르는 단어의 뜻을 설명하다 보면 원래 계획했던 분량만큼 수업하지 못할 때가 많았어요. 그럴 때 교과서의 단어들을 설명해 주는 책이 있으면 얼마나 좋을까, 하고 생각했어요. 아이들이 공부하면서 모르는 단어가 나올 때마다 친절하게 뜻을 알려 주고, 국어사전을 찾는 것처럼 비슷한 말이나 반대말도 알려 주면 좋겠다고요. 그래서 이 책을 보고 참 쓸모가 많겠다는 생각이 들었어요.

학교 공부를 하면서 옆에 두고 모르는 단어가 나올 때마다 찾아보면 공부가 훨씬 수월해질 거예요. 공부에 대한 자신감이 생기고, 어려운 내용이 나오더라도 충분히 해낼 수 있는 힘을 키울 수 있어요.

부모와 아이의 인사이트 확장을 위한 TIP

• 공부를 잘하는 방법은 무엇일까요? 그것은 바로 교과서를 잘 읽는 거
예요.
전교 1등 하던 소진이는 공부를 할 때 가장 먼저 교과서를 읽는다고 해요.
교과서를 읽으면서 모르는 단어가 나오면 표시하며 읽어요. 두 번째로 교
과서를 읽을 때는 이 단어들을 주의하며 읽어요. 그렇게 읽으면 모르는 단
어의 30퍼센트 정도는 뜻을 이해할 수 있다고 하더군요. 교과서를 열 번
정도 읽고 나면 교과서 내용이 대부분 이해된다고 해요.
소진이는 이런 공부 방법으로 중고등학교를 전교 1등으로 졸업하고, 원하
는 명문대에 입학했어요. 소진이를 보면서 교과서를 꼼꼼하게 읽는 것이
얼마나 중요한지 새삼 느꼈답니다. 그때 교과서 어휘를 설명해 주는 이 책
이 있었다면 공부에 날개를 달지 않았을까요?

필요할 때 딱 쓰는 어린이 고사성어

글, 그림 강승임, 윤병철   출판사 다락원   연계 교과 국어 4-1 7. 사전은 내 친구

책 속으로

자신의 생각을 한마디로 표현하고 싶다면, 똑똑해 보이고 싶다면, 삶의 지혜가 필요하다면 고사성어를 사용하면 된다. 고사성어에 사용된 한자의 뜻, 고사성어의 뜻, 고사성어의 유래에 대해 짧은 만화가 제시되어 있어 이를 통해 고사성어를 쉽게 배울 수 있다. 그리고 이 고사성어가 언제, 어디서, 무슨 뜻으로 쓰는지도 함께 공부한다.

예를 들어, '괄목상대'는 예전보다 훌륭해지고 실력이 좋아지면 사용하는 말인데, 구체적인 예를 짧은 글과 그림으로 설명해서 아이들이 괄목상대에 대해 쉽게 이해할 수 있다. 그뿐 아니라 실제 상황 퀴즈를 제시해서 문제를 풀면서 자신이 고사성어를 제대로 공부했는지도 재미있게 확인한다.

마지막 부록에서 고사성어와 다른 사자성어도 설명하고 있어서 다양한 고사성어나 사자성어로 한자를 익히고 어휘력을 키울 수 있게 돕는다.

시크릿한 책 속 이야기

우리말에는 한자어가 아주 많아요. 우리글이 없을 때 한자를 빌려 말을 표현했기 때문이지요. 그래서 아직도 우리말에는 한자어가 많이 남아 있어요. 그중 한자 성어는 옛사람들이 어떤 상황을 표현하거나 가르침을 주기 위해 만든 말이에요. 이 한자 성어 중 네 글자로 된 것을 '사자성어'라고 해요.

고사성어는 한자 성어 중 역사적 사건이나 옛날이야기에서 유래한 말이에요. '古事(고사)'는 '옛날이야기'라는 뜻으로 한자가 중국어라서 고사성어의 대부분은 중국 이야기에서 유래했어요.

고사성어는 짧은 단어로 그 상황을 함축적으로 표현할 수 있는 훌륭한 어휘예요. 고사성어를 사용하면 그 상황을 간결하게 정리하거나 표현할 수 있어요. 국어 교사로서 아이들이 고사성어를 많이 알고 사용하기를 바라봅니다.

부모와 아이의 인사이트 확장을 위한 TIP

• 고사성어를 익힐 수 있는 보드게임 2가지를 소개해요. 저학년 버전과 고학년 버전으로 살펴볼 수 있는데, 버전을 나눈 근거는 보드게임 수준의 차이라기보다 저학년 버전은 그림이 아기자기하고 예쁘고, 고학년 버전은 그림이 적고 조금 더 어른스러운 느낌의 차이 정도라고 생각하면 돼요.

저학년 버전의 고사성어 보드게임은 '와당탕 고사성어 자신만만 보드게임'이에요. 보드게임 안에는 고사성어용 카드 60장, 고사성어 뜻 카드 60장, 휴대용 미니 고사성어 책으로 구성되어 있어요.
초록색 카드와 주황색 카드 뒷면에 1에서 60까지의 숫자가 적혀 있어 인원수나 수준에 따라 카드를 정해서 게임이 가능해요. 고사성어의 뜻을 외치며 한자 뜻 카드를 집어도 되고, 뜻에 맞는 고사성어를 외치며 한자음 카드를 집어도 돼요. 짝이 되는 두 카드를 많이 모은 사람이 승리하는 게임이에요.

고학년 버전의 고사성어 보드게임은 '고피쉬 보드게임'이에요. 한 세트당 50장으로 같은 카드가 2장씩 짝을 이루어요. 이 게임은 같은 짝 카드를 찾고 내가 찾은 카드의 별의 개수가 가장 많은 사람이 이기는 보드게임이에요.
두 세트 중 하나를 선택해서 잘 섞고 각자 5장씩 나눠 가져요. 나머지 카드는 뒷면으로 더미를 만들어 탁자 중앙에 놓아요. 누가 먼저 할지 가위바위보로 정하고, 내 차례가 되면 한 사람을 지정해 내 손에 있는 카드와 같은 카드가 있는지 질문해요. 만일 상대방이 그 카드가 있으면 그 카드를 받아 같은 카드 2장을 내려놓고, 내 차례를 한 번 더 진행해요. 만일 상대방이 그 카드가 없으면 상대가 "Go Fish!"를 외치고 남은 더미에서 1장을 가져와요. 카드가 1장도 안 남은 사람이 있으면 게임 종료예요. 게임 종료 후 별의 개수가 제일 많은 사람이 승리해요.

고사성어 말꼬리 잡기 101

글, 그림 김종상, 송영훈   출판사 북멘토   연계 교과 도덕 3-1 1. 나와 너, 우리 함께 / 2. 인내하며 최선을 다하는 생활 / 4-1 2. 공손하고 다정하게 / 4-2 4. 힘과 마음을 모아서

책 속으로

　고사성어 101개가 ㄱㄴㄷ의 순으로 실려 있다. 왼쪽 면에는 고사성어와 고사성어의 뜻이 수록되어 있다. 그리고 한자의 음과 뜻을 한 번 더 설명한다. 하단에는 해시태그를 달아서 SNS에 친밀한 아이들이 친숙하게 느끼게 하고, 오른쪽 면에 고사성어를 활용한 이야기를 제시한다.

　예를 들어, '감언이설'은 '남을 꾀어 달콤하고 이로운 말로 귀가 솔깃하게 비위를 맞추는 말'이다. '감'은 '달다', '맛이 좋다'는 뜻으로 '감언'은 '달콤한 말'을 뜻한다. 즉, 귀가 솔깃하게 비위를 맞추거나 그럴듯한 거짓말로 남을 속이는 것이다. '이설'은 '이로운 말, 아부, 아첨'의 뜻을 가지고 있다.

　이와 관련해 《토끼전》 이야기를 제시해 감언이설의 내용을 추측할 수 있게 해 놓았다. 이렇게 두 쪽에 걸쳐서 고사성어의 설명과 관련 이야기로 구성되어 있어 고사성어를 쉽게 이해하고 기억하게 한다.

시크릿한 책 속 이야기

고사성어는 단 네 글자에 깊은 속뜻이 함축되어 있어요. 긴 글보다 효과적으로 의미가 전달되지요. 하지만 한자를 모른다면 고사성어를 읽어도 무슨 말인지 모르겠지요. 특히 그 말이 나온 배경을 모르면 이해하기 어려워요. 그래서 고사성어는 배경지식과 함께 공부해야 해요. 또 한두 번 고사성어를 봤다고 해서 고사성어를 완전히 익힐 수는 없어요. 꾸준히 관련 책들을 읽으면서 고사성어를 친숙하게 느끼도록 해야 해요.

책을 많이 읽는다고 단번에 어휘력이나 문해력이 좋아지지는 않아요. 우리말의 70퍼센트 이상이 한자어로 되어 있어 한자를 쓰지는 못해도 문맥을 통해 짐작할 수 있을 정도로는 알아야 해요. 특히 한자로 된 고사성어는 실생활에서 많이 사용하지 않아 아이들이 잘 모르는 경우가 많은데, 따로 읽고 공부하지 않으면 고사성어를 익힐 수 없어요.

고사성어를 다루고 있는 책을 많이 읽혀 주세요. 상황에 어울리는 고사성어를 사용하거나 그 고사성어와 관련된 내용을 술술 이야기하면 어휘력이 많이 향상될 거예요.

부모와 아이의 인사이트 확장을 위한 TIP

• 고사성어는 실생활에서 적재적소에 활용하면 아주 유용해요. 고사성어를 빨리 익히기 위해서는 직접 손으로 쓰면서 공부하는 걸 추천해요. 아이들이 재미있게 고사성어를 쓸 수 있는 책을 두 권 선정했어요. 게임하듯이 즐겁게 고사성어를 쓰다 보면 금세 익힐 수 있을 거예요.

- 《스도쿠로 익히는 초등 필수 고사성어 100》, 이혜경·박수미, 메가스터디 북스
  스도쿠 게임을 하듯 고사성어를 익히는 책

- 《기적의 명문장 따라 쓰기, 속담·고사성어 편》, 강효미, 길벗스쿨
  고사성어와 속담까지 한 번에 볼 수 있는 책

초등 한자력 사전

글, 그림 기획집단 MOIM, 조양순 출판사 파란자전거 연계 교과 국어 3-1 7. 반갑다, 국어사
전 / 9. 어떤 내용일까 / 4-1 7. 사전은 내 친구

책 속으로

초등 교과서에 나오는 한자어를 풀어 주는 책으로 900여 개의 한자어가 수
록되어 있다. 교과서에 나오는 핵심 용어는 대부분 한자로 되어 있다. 이 한자
의 뜻을 살펴 교과서 핵심 용어를 쉽게 이해할 수 있게 돕는다. 이런 목적으로
3학년부터 6학년까지의 과학·사회·수학·국어 교과서에 수록된 한자로 된 핵
심 개념을 설명한다.

예를 들어, 3학년 1학기 과학의 핵심 개념 중 '관찰'이라는 단어가 있다면 觀
(볼 관), 察(살필 찰)의 한자와 그 음과 뜻을 제시하는 것이다. 이 단어의 뜻은
'보고 살핀다'는 뜻이다. 이 단어와 관련 있는 '탐구', '측정' 등의 단어도 함께
제시한다. 마지막 '톺아보고 모아 읽기' 코너에서 이 단어들을 활용해서 교과
서의 내용을 다시 살핀다.

이렇게 과목별로 주로 사용하는 핵심 개념의 한자 음과 뜻을 살피고, 제대
로 된 뜻을 공부하여 학습 어휘력을 높인다.

시크릿한 책 속 이야기

우리말의 70퍼센트 이상이 한자어예요. 특히 교과서에 나오는 개념은 한자어로 이루어진 것이 많아요. 그래서 교과서에 나오는 개념을 공부할 때 한자어의 뜻을 모르고 단순히 암기만 한다면 이해가 어려워 공부가 재미도 없고 학업 능률도 떨어질 수 있어요. 그래서인지 많은 아이들이 어릴 때부터 한자를 공부하면서 한자 급수를 따고요. 아이들에게 물어보면 1급을 땄다는 아이도 꽤 있고, 3~5급까지 딴 아이도 다수예요.

그런데 학년이 올라갈수록 다른 과목 공부에 밀려서 점점 한자 공부에 시간을 할애하기가 어려워져요. 한자도 언어인지라 꾸준히 사용하지 않으면 잊히더라고요. 그래서 초등 중학년쯤 되면 어렸을 때 알았던 한자를 기억하지 못하는 경우가 많아요. 급수는 땄지만 한자는 기억하지 못하는 거죠.

초등 중학년 교육과정, 특히 사회와 과학은 개념이 나오면서 어려워져요. 그런데 이 개념은 대부분 한자로 이루어져 있어요. 개념의 뜻을 제대로 알아야 좀 더 잘 기억할 수 있어요. 우수한 성적은 덤이겠지요. 학습 개념을 정확히 아는 것은 학습 어휘력과 직결된답니다.

부모와 아이의 인사이트 확장을 위한 TIP

• 이 책을 그냥 읽으면 재미없잖아요. 아이와 서로 퀴즈를 내고, 다른 편이 맞히기 게임으로 진행해 보세요. 누가 더 많이 맞히나 게임을 하다 보면 즐겁게 공부할 수 있어요. 또 다른 방법으로는 초성만 쓰고 문제를 맞히는 초성 퀴즈로 만들어도 좋아요. 초성 힌트가 있어서 한결 수월하게 답을 찾을 수 있을 거예요.

이렇게 다양하게 놀이처럼 접해야 개념을 재미있게 익힐 수 있어요. 초등 중학년까지는 국어 학습이 공부처럼 느끼지 않게 해 주세요. 그것이 공부를 꾸준히 지속하는 힘이 될 거예요.

우리말 모으기 대작전 말모이

글, 그림 백혜영, 신민재   출판사 푸른숲주니어   연계 교과 국어 4-1 7. 사전은 내 친구

책 속으로

한솔이는 아버지에게 불만이 많다. 아버지는 얼마 전에 감옥살이까지 하고 나왔다. 한솔이는 아버지가 만식이 아버지처럼 농사나 짓고 살았으면 한다.

새 학기가 되자 아이들은 앞으로 조선어 수업이 없어지고 일본어 수업이 늘 어난다는 소식을 듣는다. 또 절대 조선말을 쓰면 안 된다고 한다. 한솔이가 괴 로워하고 있는데 순사 아들 강석태가 시끄럽다고 소리치는 바람에 두 사람은 말다툼한다. 결국 주먹다짐까지 하다가 악질이라고 소문난 밥도깨비 선생님 이 교실에 들어오고, 밥도깨비 선생님은 한솔이만 벌을 세운다.

어느 날, 한솔이와 만식이는 장터 골목에서 만식이 아버지에게 무자비하게 발길질하는 강석태 아버지를 본다. 그 모습을 본 강석태는 아버지의 허리춤을 붙잡아 발길질을 멈추게 한다. 강석태는 아버지의 행동에 충격을 받는다.

일본 신민으로 천왕에게 충성을 맹세하는 황국 신민 서사를 외우는 시간, 한솔이는 늘 헷갈리는 부분에서 한 음절을 틀리고 반 아이들은 전체 기합을 받는다. 한솔이가 자신이 그랬다고 말하려는 찰나, 만식이가 대신 손을 들고 종아리가 시뻘게지도록 맞는다.

한솔이와 만식이는 쑥개천에 가서 나라 잃은 설움을 늘어놓고, 그 소리를 들은 고등학생 수현이 형이 나라를 구하기 위한 비밀 작전에 동참할 것을 권유 한다. 그 비밀 작전은 바로 흩어져 있는 우리말을 모으는 것이다. 조선말이 금지 된 세상에서 위험한 것을 알지만 한솔이와 만식이는 함께하기로 한다. 한솔이 와 만식이는 우리말을 모으다가 강석태에게 들킨다. 강석태는 자신도 말모이 작 전에 끼워 달라고 부탁한다. 갖은 노력 끝에 아이들은 우리말 백 개를 모은다.

그러나 조선어 학회 사건으로 말모이 작전은 수포로 돌아간다. 그리고 이 일의 중심에 있던 한솔이의 아버지는 옥고를 치르다 극심한 고문 끝에 목숨을 잃는다. 한솔이는 아버지의 뜻을 잇기 위해 다시 말모이 작전을 시작한다.

시크릿한 책 속 이야기

이 책은 실제 언어학자면서 독립운동을 하다 투옥되어 돌아가신 이윤재 선생을 주인공의 아버지로 설정해서 만든 소설이에요.

말에는 그 민족의 얼이 담겨 있어요. 우리말에는 한국인의 얼이 담겨 있지요. 일제강점기 때 일제가 우리말을 못 쓰게 했던 것도 우리 민족을 뼛속까지 자기네 신민으로 만들기 위한 것이었어요. 일제가 한글을 말살시키기 위해 각급 학교나 모임에서 한글 사용을 완전히 금지하는 동시에 《조선어 큰사전》 편찬을 방해하기 위해 '조선어 학회'를 해체시키려고 했어요.

3.1운동 이후 한글 운동이 일어나며 1921년 '조선어 연구회'가 조직됐어요. 1931년 조선어 연구회는 '조선어 학회'로 이름을 바꿨어요. 조선어 학회는 일제의 민족 문화 말살 정책에 맞서 우리말과 글을 연구한 단체예요.

조선어 학회는 우리 고유의 말과 글을 지키기 위해 우리말 사전을 편찬하기로 했으나 일제의 거센 탄압에 서둘러 사전 일부를 인쇄했어요. 그런데 한 학생이 기차 안에서 우리말로 대화하다 조선인 순사 야스다에게 발각되어 취조를 받는 사건이 발생했어요. 취조 결과 서울에서 사전 편찬을 하는 정태진이 영향을 주었다는 것을 알고 그를 취조해, 조선어 학회가 민족주의 단체로 독립운동을 목적으로 활동한다고 자백을 받아요.

이 자백을 꼬투리로 조선 최고 지식인을 모두 검거하고 사전 편찬 원고와 수십만 장의 한글 자료를 압수해서 조선어 학회를 강제 해산하면서 우리말 사전 만들기 사건이 묻혀 버렸어요. 그것이 조선어 학회 사건이랍니다.

부모와 아이의 인사이트 확장을 위한 TIP

• 우리말을 지키기 위해 노력했던 사람들의 이야기를 다룬 〈말모이〉라는 영화를 본 적 있나요? 아이와 이 영화를 함께 보면서 우리말의 소중함을 느끼고, 지금을 살고 있는 우리가 우리말을 지키기 위해 어떤 노력을 해야 하는지 등을 이야기 나눠 보세요.

환산 이윤재 선생의 묘비

현직 교사가 알려 주는

문해력 플러스 50
── 초등 고학년

속담 하나 이야기 하나 ★어린이도서연구회 추천 도서

글, 그림 임덕연, 안윤경 출판사 산하 연계 교과 국어 6-1 5. 속담을 활용해요

책 속으로

'호랑이 담배 먹던 이야기', '귀 막고 방울 도둑질한다', '귀신이 곡할 노릇' 등 우리가 흔하게 사용했지만 그 유래를 잘 몰랐던 속담 가운데 27개를 추려 그 속담과 관련한 다양하고 재미있는 이야기를 풍성하게 담았다. 이야기 끝에는 함께 익힐 수 있도록 비슷한 속담도 담고 있다.

다양한 속담에 대한 궁금증을 풀어 주기 위해 '말', '가난', '기회를 잡는 것', '부자', '돈', '노랑이', '분수', '불성실', '남 탓하는 것', '재능'에 관한 12가지 주제별 속담 부록도 담아 필요할 때 사용할 수 있는 속담을 알려 준다.

요즘에는 속담을 많이 사용하지 않는다. 하지만 삶의 지혜가 농축되어 있는 속담은 보석이다. 보석은 자꾸 사용해야 가치가 빛난다. 속담이 어떻게 생겨났는지 그 배경을 알면 속담의 뜻을 저절로 익혀 사용할 수 있을 것이다.

시크릿한 책 속 이야기

속담은 표면적인 의미보다 그 이면에 숨은 뜻이 훨씬 큰 경우가 많아요. 그래서 속담이 갖고 있는 의미를 제대로 파악해야 지문을 제대로 이해할 수 있어요. 그러니 속담을 잘 모르면 글을 제대로 이해하지 못하겠지요.

예를 들어, '빈 수레가 요란하다.'는 속담을 살펴볼까요? 이 속담을 읽고 빈 수레에는 아무것도 들어 있지 않으니 끌고 가면 수레가 시끄럽다는 것까지는 알 수 있어요. 하지만 그렇게만 해석해서는 글을 쓴 사람이 이 글을 쓴 의도를 정확하게 파악하지 못하지요. 이 속담의 뜻은 빈 수레가 덜컹거리는 소리가 요란한 것처럼 지식이 얕은 사람이 더 아는 체하고 더 떠든다는 뜻이거든요. 결국 쓸데없이 아는 척하다가는 망신당할 수도 있다는 말이지요. 그런데 그 속뜻을 파악하지 못하고 '갑자기 수레 이야기가 왜 나오지?'라고 생각한다면 그 글을 제대로 이해할 수 없어요.

이렇게 속담을 공부하는 건, 문장의 숨은 뜻까지 읽어 낼 수 있다는 의미가 된답니다. 또한 속담 등의 다양한 관용표현을 알면 글을 쓰거나 말을 할 때 훨씬 풍부하게 표현할 수 있어요. 속담을 공부하는 것은 어휘력을 키우는 데 크게 도움이 되거든요.

부모와 아이의 인사이트 확장을 위한 TIP

• 속담 공부는 가족이 함께하면 효과가 배가 돼요. 속담 공부를 학습이 아니라 놀이로 느낄 수 있게 해 주세요. 특히 사춘기가 되면 부모와 자녀 사이가 서먹해지죠. 이때 몸으로 놀면 서먹함이 줄어들어요. 몸으로 노는 속담 공부를 어떻게 하느냐고요?

첫째, 몸으로 속담을 표현하는 놀이를 하는 거예요.
가족이 모여 서서 속담의 내용을 온몸으로 표현하는 거죠. 이때 말은 절대하면 안 되겠죠? 유치해 보이지만 중학생도 굉장히 열심히 참여한답니다. 놀이를 시작하는 순간 부모님이 아이보다 더 몰입해서 게임을 즐기고 있을지도 몰라요.

둘째, 속담의 속뜻이 드러나게 그림으로 표현하는 거예요.

말풍선을 사용해 상황을 설명해도 좋아요. 말풍선 속의 글은 조금만 쓰게 해 주세요. 글이 너무 많으면 그림을 이해하기 어렵거든요. 주의할 것은 속담에 나온 단어를 직접 그림으로 그려서는 안 된다는 거예요. 가족이 함께 둘러앉아 각자 그림을 그리고 서로 맞히는 거죠. 아마 서로의 그림 실력에 깔깔 웃음이 터질 거예요.

이렇게 속담 공부를 하면서 가족이 즐거운 시간도 보내고 공부도 하는 일석이조의 시간이 될 거라 확신합니다.

악플 전쟁 ★한국문화예술위원회 문학 나눔 우수문학도서

글, 그림 이규희, 한수진   출판사 별숲   연계 교과 국어 5-2 5. 여러 가지 매체 자료

책 속으로

5학년 5반에 새로 전학 온 서영이는 밝고 친절한 성격으로 전학과 동시에 친구들과 잘 어울리며 인기가 많다. 5반의 실세인 미라는 그동안 자신에게 쏠리던 친구들의 관심이 서영이에게 옮겨 가자 질투한다.

민주는 미라가 짱인 '짱오'라는 그룹에서 은따를 당했는데, 서영이와 친해지고 싶어도 짱오의 눈치를 본다. 서영이의 생일 파티에 짱오는 서영이를 수치스럽게 하려고 일부러 빨간색 속옷을 선물한다. 서영이는 친구들의 놀림거리가 되었지만, 아무렇지 않게 학교에서 생활하자 미라는 더 약이 올라 서영이를 괴롭힌다.

그러던 어느 날 미라는 자신이 운영하는 '핑크공주'라는 인터넷 카페에 흑설공주라는 익명으로 서영이의 부모님에 대한 나쁜 글을 쓴다. 그 글을 읽자 친구들은 흑설공주를 동조하며 서영이를 비난한다. 자신을 모욕하는 글이 핑크공주에 있다는 사실을 안 서영이는 반박글을 올리며 흑설공주와 끝없는 악플 전쟁을 벌였고, 핑크공주 카페에 글이 올라올 때마다 친구들은 사실도 확인하지 않고 대상이 된 친구를 비난한다.

미라는 반박글을 올리는 서영이에게 할 말이 없어지자 자신의 머리핀을 서영이가 훔쳤다고 누명을 씌운다. 누명에 충격을 받은 서영이는 집으로 돌아가는 길에 오토바이에 치여 사고가 났고, 민주는 짱오와 함께 서영이에게 한 일을 뉘우친다. 민주는 용기를 내어 그동안 미라와 짱오의 행동을 폭로한다.

짱오는 선생님에게 혼이 나고, 서영이 엄마는 아빠가 있는 아프리카로 가자고 한다. 서영이는 친구들에게 잘 있으라는 글을 남기고 아프리카로 떠난다. 그 일로 미라는 친구들의 외면을 받고 그제야 잘못을 뉘우치고 서영이에게 사과한다. 서영이는 자신을 비난했던 친구들을 용서한다.

시크릿한 책 속 이야기

인터넷에서는 자신의 얼굴, 이름, 성별을 모두 숨길 수 있어요. 얼마 전, 메타버스 연수를 들었는데 메타버스에서 자신의 캐릭터를 만들 때, 나이가 어릴수록 성별, 인종 등을 알 수 없게 설정한다고 해요. 그에 비해 나이가 들수록 실제 자신의 모습과 비슷하게 설정한다고 하더군요. 그 말을 들으면서 '인터넷의 익명성은 더욱 철저해지겠구나.' 하는 생각을 했어요.

이 책이 나왔을 때는 온라인 커뮤니티인 카페를 주로 이용했지만 지금은 SNS의 발달로 다양한 악플이 존재해요. 특히 '애스크'라는 SNS는 익명으로도 가능해서 악플을 단 사람이 누구인지 알 수 없는 경우도 많고요. 그러다 보니 최근의 학교폭력은 신체적이거나 물리적인 폭력보다 SNS를 이용한 폭력이 훨씬 많아졌어요.

누구나 존중받기를 원하지요. 그러려면 나부터 올바른 말을 사용하고 다른 사람을 존중해야 해요. 다른 사람을 배려하고 존중하는 어휘를 사용해야 해요.

이 책을 쓴 이규희 작가는 악플로 아이들의 마음이 병들어 가고 있는 상황을 안타까워하며 글을 썼다고 해요. 익명성이 강조되는 인터넷 세상에서 어떤 예절을 지켜야 할지, 또 올바른 인터넷 문화를 심어 주려면 어떻게 해야 할지 고민할 수 있는 기회를 제공할 거예요.

• '사이버 불링(Cyber Bullying)'이라는 용어를 들어 본 적 있나요? 가상공간을 뜻하는 사이버(Cyber)와 집단 따돌림을 뜻하는 불링(Bullying)에서 파생된 신조어예요. 사이버 공간에서 벌어지는 모욕, 비방, 따돌림, 협박 등의 사이버 폭력을 뜻한답니다. 사이버 불링은 시간과 장소를 가리지 않고 공격하기 때문에 실제 오프라인에서 일어나는 괴롭힘보다 문제가 심각해요. 다수의 사람이 부정적 감정을 한 명에게 퍼붓는 극단적인 괴롭힘의 형태로 나타나기 때문이에요.

사이버 불링은 피하기도 힘들어요. 오프라인에서 일어나는 폭력은 그 장소를 떠날 수 있지만 온라인에서 일어나는 폭력은 그 장소를 벗어날 수 없거든요. 또 불특정 다수에게 어떻게 퍼질지 알 수 없기 때문에 피해의 범위가 훨씬 넓고 가해자를 파악하기 쉽지 않아요. 가해자 역시 자신의 행위에 대해 죄책감을 적게 가진다고 해요. 자신이 직접 폭력을 가했다고 생각하지 않기 때문이에요.

혹시 아이가 사이버 불링의 피해를 입고 있다면 적극적으로 관심을 갖고 도와야 해요. 학교폭력과 관련된 책을 몇 권 소개해요.

- 《나를 지워줘》, 이담, 다른
  디지털 성범죄와 그 끔찍한 현실에 노출된 십 대의 오늘을 그린 이야기

- 《취미는 악플, 특기는 막말》, 김이환·정명섭·정혜연·조영주·차무진, 생각학교
  관심과 상처 사이의 '말'에 관한 이야기를 담은 소설집

- 《완벽한 사과는 없다》, 김혜진, 뜨인돌
  끝나고 나서도 잔해를 남기는 학교폭력 그 이후의 이야기

- 《우아한 거짓말》, 김려령, 창비
  죽은 동생의 이야기를 따라가며 학교폭력을 밝히는 언니의 이야기

존경합니다, 선생님

글, 그림 패트리샤 폴라코   출판사 미래엔아이세움   연계 교과 국어 5-2 7. 중요한 내용을 요약해요

책 속으로

패트리샤는 글쓰기를 좋아한다. 패트리샤는 성격이 고약하기로 소문난 켈러 선생님의 글쓰기 반에 들어간다. 켈러 선생님의 첫 번째 글쓰기 과제는 가족과 일상에 대해 쓰는 것. 패트리샤는 선생님이 자신의 글에 무척 감동을 받을 거라고 생각한다. 그러나 패트리샤에게 돌아온 건 따끔한 질책. 선생님은 낱말이 가진 차이를 이해해야 한다며 사랑이라는 낱말을 빼고 사랑이라는 낱말을 나타내는 말을 쓰게 한다.

켈러 선생님의 독특한 글쓰기 훈련은 때와 장소를 가리지 않는다. 켈러 선생님의 가르침에 따라 패트리샤는 열심히 글쓰기 연습을 한다. 하지만 켈러 선생님은 패트리샤가 옆집에 사는 절친한 친구인 슐로스 할아버지를 인터뷰하고 할아버지의 보물에 대해 쓴 글에 진실한 감정을 드러내는 독창적인 말이 없다며 C를 준다.

켈러 선생님과의 수업은 어느새 마지막 과제를 남겨 둔다. 슐로스 할아버지는 페트리샤에게 켈러 선생님이 글재주가 뛰어난 한 학생이 완벽하게 글을 쓸 수 있게 엄하게 가르치며 훌륭하게 키워 그 제자가 퓰리처상까지 받게 했다고 이야기한다. 그리고 그 사람이 할아버지의 아들이라고 하며 켈러 선생님께 감사하다고 한다.

패트리샤가 너무나 사랑하는 슐로스 할아버지가 돌아가시고 슬픈 감정을 담은 글에 켈러 선생님은 낱말에 날개가 달려 있다고 하며 글쓰기 반 최초로 A라는 점수를 준다.

시크릿한 책 속 이야기

이 책이 실려 있는 국어 교과서의 단원은 낱말의 뜻을 짐작해서 읽어 보고 짐작한 뜻이 맞는지 국어사전에서 찾아보는 활동을 하는 단원이에요. 국어 교과서를 살펴보면 어려운 낱말에 파란색으로 표기되어 있어 국어사전을 찾는 활동을 하도록 하고 있어요.

파란색으로 표기된 낱말들을 살펴보면 알겠지만, 낱말 자체는 초등 고학년이 이해하기 어렵지 않아요. 아마 문맥 속에서 충분히 짐작할 수 있을 거예요.

그런데 책에서 사용하고 있는 표현은 쉽지 않아요. 상당히 은유적이고 함축적인 표현이 많더라고요. 문장의 의미는 단순히 국어사전을 찾는다고 이해할 수 있는 것도 아니고요.

이렇게 문장의 표현을 제대로 이해하기 위해서는 국어사전을 통해 낱말의 정확한 뜻을 파악한 다음, 그 낱말이 이 문장에서 어떤 의미로 쓰였는지 한 번 더 생각해 보아야 해요. 이 책을 읽으며 이 표현이 무엇을 의미하는지를 곰곰이 생각하면 충분히 훈련할 수 있을 거예요.

그뿐 아니에요. 이 책에서는 글쓰기를 위한 훌륭한 방법이 많이 나와요. 켈러 선생님의 글쓰기 수업 시간을 면밀하게 들여다보면 글쓰기의 기본기를 다지는 여러 방법이 나오거든요. 낱말이 가진 차이 이해하기, 유의어 찾기, 감각 예민하게 다듬기, 사물의 원래 쓰임새와 다른 쓰임새 생각하기 등 책을 읽으면 글쓰기를 위한 훈련 방법도 익힐 수 있답니다.

이 책 한 권으로 글쓰기뿐 아니라 어휘력과 문해력을 키우기 위한 다양한 방법을 공부할 수 있어요.

부모와 아이의 인사이트 확장을 위한 TIP

• 아이와 책 쓰기 활동을 해 보세요. 요즘에는 POD 출판이 가능해요. 인터넷에 POD 출판을 검색하면 많은 곳이 나와요. 저는 그중 부크크(www.bookk.co.kr)를 이용해요. 책을 만든다니 힘들 것 같죠? 생각보다 간단해요. 제공된 파일을 다운받아 파일에 아이가 쓴 글이나 그림을 넣으면 손쉽게 책을 만들 수 있어요.
부크크에 들어가서 상단의 '책 만들기'를 클릭하면 종이책, 전자책 중 원하는 책의 형태를 선택할 수 있어요.

1. 책을 선택하면 책의 규격, 표지 재질, 날개 여부를 선택해요. 제공된 파일 틀에 넣은 책의 쪽수를 입력하면 가격이 책정돼요.

2. 원고를 등록해요. 표제(책 제목), 저자명, 원고를 등록하고 도서 제작 목적을 등록해요. 판매하지 않고 아이와 소장만 한다면 '소장용'을 클릭하고, 만일 판매하고 싶다면 'ISBN 발부 책 판매용'을 클릭해요.

3. 표지 옵션을 선택해요. 무료 옵션 표지도 있고, 유료 옵션 표지도 있어
   요. 아이가 그린 그림을 표지로 올릴 수도 있고요.

4. 소장용이라면 여기까지 하면 되고, 판매용이라면 원하는 가격을 책정
   해요. 그리고 ISBN을 등록해요. ISBN은 시중에 책이 판매되기 위한 일
   종의 주민등록번호 같은 거라고 보면 돼요.

이렇게 등록하고 나면 2~5일 이내에 승인되고, 책을 구입할 수 있어요. 저
는 학생들의 작품을 책으로 만들어서 여러 권을 구입했어요.
소장용이라면 한 권의 책 가격과 택배비를 내면 책을 받을 수 있어요. 책
의 만듦새도 괜찮고, 책으로 만들어졌다는 뿌듯함도 안겨 준답니다. 또 아
무래도 책으로 만들어진다고 하면 아이도 글을 쓸 때 좀 더 좋은 어휘를
선정하고, 문장도 더 다듬겠지요.

아버지의 편지

글 정약용 출판사 함께읽는책 연계 교과 국어 6-1 9. 마음을 나누는 글을 써요

책 속으로

정약용이 두 아들에게 보낸 편지를 '학문'과 '생활'의 2가지 주제로 분류하여 엮었다. 1부는 독서와 공부에 대해, 2부는 윤리의 실천, 실용에 대해 이야기한다. 3부는 다산 정약용과 관련한 역사 이야기를 역사 연구자인 한문희 선생이 이해하기 쉽게 풀어 썼다.

1부는 〈독서와 공부의 장〉이다. 확고한 뜻을 가지고 책을 읽고 중요한 내용은 기록해야 하며, 독서하는 책의 뜻을 분명하게 파악해야 하고, 공부할 때는 정성을 다하는 마음으로 공부해야 한다는 10편의 편지로 구성되어 있다.

2부는 〈생활과 실천의 장〉이다. 눈앞의 이익을 좇기보다 옳은 길을 가고, 사람이란 목숨보다 의리를 따를 줄 알아야 하며, 단정한 몸과 마음가짐이 중요하고, 남에게 도움을 받기 전에 먼저 남을 도와야 한다는 6편의 편지로 구성되어 있다.

3부는 〈다산 정약용 선생님에게 역사 배우기〉이다. 다산 정약용은 조선 후기의 실학자였다. 《목민심서》, 《경세유표》 등을 저술하고, 거중기 등도 고안한 다방면으로 유능한 분이었으나 정치 문제로 18년간 귀양을 살았다는 내용이 담겨 있다.

시크릿한 책 속 이야기

정약용은 자식 교육에 관심이 많았던 아버지로 알려져 있어요. 하지만 긴 시간 동안 유배 생활을 했기 때문에 직접 자식들을 교육하기는 힘들었지요. 그래서 두 아들과 대화하고 가르침을 주고자 편지를 굉장히 많이 썼어요.

정약용은 집안이 폐족이 되었음을 솔직하게 고백하면서 언제까지 우리 가문이 폐족으로 남아 있어야 하느냐고 말했어요. 그리고 폐족에서 벗어나는 길이 딱 하나 있다고 하며, 그것은 바로 무한정한 독서라고 했어요.

효자였던 두 아들은 아버지의 가르침에 따라 독서를 많이 했어요. 큰아들인 정학연은 사옹원주부까지 올랐고, 둘째 아들인 정학유는 〈농가월령가〉라는 유명한 글을 썼어요. 게다가 추사 김정희와 정학유는 동갑내기 친구로 막역한 사이였다고도 해요. 이 정도면 두 아들에게 편지를 보낸 아버지의 노력이 헛되지 않은 것 같지요?

편지의 내용은 공부에서부터 생활 전반에 이르기까지 많은 것을 담고 있어요. 편지를 읽으면 가족을 사랑하고 걱정하는 마음, 함께하지 못하는 자식들에게 살면서 알아야 할 것을 편지로나마 알려 주고자 한 부모의 마음을 느낄 수 있을 거예요.

부모와 아이의 인사이트 확장을 위한 TIP

- '도시락 편지' 또는 '필통 편지'를 들어 본 적 있나요? 과거 아이에게 도시락을 싸 줄 때 엄마의 마음을 담은 작은 편지를 아이 도시락에 넣어 주는 엄마들이 있었어요. 급식으로 도시락이 없어지고 나서는 필통에 엄마의 마음을 전하는 편지를 보내는 것이 필통 편지예요.

  저는 아이에게 '수첩 편지'를 쓰는데, 손바닥만 한 수첩에 절반은 제가 편지를 쓰고, 절반은 아이에게 답장을 받는 거예요. 분량이 적어서 아이도, 저도 부담이 없더라고요. 일주일에 2~3번 정도 주고받는데 아이와 생각을 나눌 수 있어서 참 좋아요. 또 제가 글씨를 반듯하게 써서 주니 아이도 글씨를 대충 흘려 쓰지 않더라고요.

  이때 아이가 알았으면 하는 어휘나 관용어를 살짝 넣어 주면 금상첨화겠지요? 사춘기 아이와 대화도 나누고 어휘력도 키울 수 있는 필통 편지나 수첩 편지를 시작해 보세요.

말대꾸하면 안 돼요?

글, 그림 배봉기, 이영경 출판사 창비 연계 교과 국어 6-1 연극 단원. 함께 연극을 즐겨요

책 속으로

책에는 다섯 편의 동극이 실려 있다.

야, 우리 집을 짓자! • 개구리 처녀와 총각이 가족이 되어 아이를 낳고, 길 잃은 아이를 자식으로 받아들이고 집을 짓는다. 그런데 집을 짓기 좋은 곳이 아닌 곳에 집을 지어서 태풍과 홍수를 겪는다. 그래도 포기하지 않고 집을 수리한다. 착한 이웃들의 도움으로 자신들이 살고 싶은 강가에 산다.

달려라 바람아! • '나비'라는 고양이가 주인에게 버림받는다. 나비는 길고양이와 함께 생활한다. 대장 고양이의 독재에 불만을 품은 다른 고양이들과 독립을 하려던 나비는 명호라는 아이를 만나 친구들과 헤어지고 그 아이의 집에서 지낸다. 그러나 친구들과의 시간이 그리웠던 나비는 친구들에게 돌아간다.

베짱이의 노래 • '개미와 베짱이'라는 이솝우화를 각색한 이야기다. 이 이야기에서 베짱이는 놀고 싶은 아이가 아니라 노래를 좋아하는 아이로, 자신이 좋아하는 일을 위해 길을 떠난다. 베짱이는 그곳에서 자신이 좋아하는 일을 하며 잘 먹고 잘살 수 있는 방법을 찾는다.

숲이 준 마법 초콜릿 • 신경 전달이 느려 행동이나 말이 느린 성민이의 이야기다. 성민이는 엄마를 제외한 다른 사람에게 놀림을 받는다. 그런 성민이가 숲의 전령을 만난다. 성민이는 무지갯빛 일곱 초콜릿을 받는다. 성민이는 자신을 놀렸던 사람들에게 초콜릿을 준다. 성민이를 믿었던 혜지를 제외하고 다른 사람들은 잠시 동안 동물로 변한다.

말대꾸하면 안 돼요? • 초등학교 학생들이 연극을 하는데 투표를 통해 '말대꾸하면 안 돼요?'라는 연극을 하기로 한다. 선생님과 학생, 엄마와 딸, 아빠와 아들의 상황극으로 말대꾸하지 말라는 어른과 말대꾸하는 아이의 대립적인 상황을 연극으로 보여 준다.

시크릿한 책 속 이야기

아이들이 보는 이야기를 '동화'라 하고, 아이들이 공연하거나 보는 연극을 '동극'이라고 해요. 《말대꾸하면 안 돼요?》라는 책은 동극을 하기 위한 대본이에요. 연극을 하면 자신감을 키우는 데도 도움이 돼요.

연기를 잘하기 위해서는 등장인물과 그들의 상황에 대해 잘 파악해야 해요. 대본에는 짧은 대사와 지문밖에 없거든요. 그것을 극 전체의 흐름에 맞게 살려 내는 것이 연기예요. 그러기 위해 어휘의 뜻을 제대로 아는 것은 필수겠지요.

교육을 목적으로 한 연극은 창의성과 미적 감각, 비판적 사고력, 사회적 성장, 협동심, 의사소통 등 다양한 능력을 키우는 데 매우 효과적인 방법으로 활용돼요. 그중 특히 언어 영역 발달에 효과적인데, 자신이 아닌 다른 사람이 되어 평소와 다른 어휘를 사용하게 함으로써 언어 능력, 의사소통 능력 등을 발달시킬 수 있기 때문이에요.

모든 것이 완벽하게 갖춰진 상황이 아니라도 연극을 해야 한다고 생각하는 순간부터 등장인물의 특성에 맞게 말하고 행동하게 되니 그것만 해도 충분히 의미가 있어요.

부모와 아이의 인사이트 확장을 위한 TIP

• '극본'은 무대 위에서 공연할 것을 염두에 두고 대사 중심으로 쓴 문학 작품이에요. 요즘에는 드라마 대본집도 많이 출판되어서 이제는 극본이 아주 낯설지는 않을 거예요. 극본의 특징을 살펴보면 다음과 같아요.

1. 연극을 공연하려고 쓴 글
2. 극본에서 이야기는 해설, 지문, 대사로 제시
3. 극본은 직접적으로 등장인물의 말과 행동을 나타냄.
4. 인물의 마음은 대사와 지문으로 나타냄.

국어 수업 시간에 장르를 바꾸어 보며 장르의 특징을 파악하는 시간이 있어요. 소설을 연극이라는 장르로 바꾸거나 시라는 장르로 바꾸는 거지요. 각 장르별 특징을 알아야 바꿀 수 있어요.

가정에서도 이러한 활동이 가능해요. 그림책으로 연극을 만들어 보는 거죠. 하지만 초등 고학년 아이에게 집에서 연극을 하자고 하면 부끄러워할지도 몰라요. 그럴 때는 본인이나 인형을 등장시켜 책을 소개하는 북트레일러 영상을 만들어 보게 하는 것도 좋아요. 검색창에서 '북트레일러'를 검색하면 많은 영상이 떠요. 이중 몇 개를 보여 주고 가장 재미있거나 인상 깊었던 책을 소개하는 영상을 만들게 해 보세요.

구멍 난 벼루

글, 그림 배유안, 서영아 출판사 토토북 연계 교과 국어 6-2 1. 작품 속 인물과 나

책 속으로

허련 영감은 고향 진도에 내려와 호젓한 시간을 보낸다. 어느 날 담장 위의 고양이를 보고 나비가 없는 스승의 그림 〈모질도〉를 생각한다. 그때 사내아이 가 나타나 나비를 그려 달라 조르더니 구멍 난 벼루를 만지작거린다. 허련은 구멍 난 벼루의 사연을 이야기해 준다.

어렸을 때부터 그림에 재주가 많았던 허련은 초의선사 문하에 들어가 학문 을 연마한다. 그러던 중 초의선사가 추사 김정희와 친구 사이라는 걸 알고 초 의선사에게 자신의 그림을 들려 보낸다. 그림을 본 추사는 허련을 불러들여 사랑채에 머물게 하지만 허련을 냉대한다. 허련은 자신이 추사의 제자가 되기 에 부족하다는 걸 알고, 추사의 방을 정리하며 명필 글씨와 귀한 화첩을 볼 기 회를 만든다.

좀처럼 곁을 내주지 않던 추사는 좌의정과 마주하는 자리에 허련을 부른다. 허련은 먹을 갈며 구멍 난 벼루를 보고, 그런 벼루가 열 개나 된다는 사실에 놀 란다. 허련은 자신도 벼루에 구멍이 나도록 연습해야겠다는 생각으로 구멍 난 벼루 하나를 얻는다.

허련은 스승을 통해 마음에 있는 것이 붓끝으로 나오려면 수많은 독서와 사 색으로 내면을 채워야 한다는 것을 알게 된다. 허련은 밤낮으로 글씨를 쓰고 화첩을 보며 그림 보는 안목을 키운다. 쉬지 않고 연습해 '초목법'을 완성한다.

그렇게 성공해 그림 세계를 넓히던 허련은 추사와 헤어진다. 안동 김씨 세 력의 음모로 추사가 제주도로 귀양 간 것이다. 허련은 세 번이나 제주도까지 찾아가 추사의 시중을 들며 귀양살이의 고달픔을 나눈다.

허련은 이야기를 들려준 후 나비를 그리려 하자 스승의 〈모질도〉 속 나비가 상상된다. 사내아이는 벽장을 들여다보며 몽당붓도 한가득하다고 감탄한다.

시크릿한 책 속 이야기

우리에게 '추사체'로 알려진 조선 시대 명필가 추사 김정희와 그의 제자 화가 허련의 이야기예요. 허련은 조선 후기의 유명한 화가예요.

구멍 난 벼루는 추사 김정희가 서예와 그림을 얼마나 열심히 연습했는지 보여 주는 물건으로 벼루 열 개에 구멍이 생길 정도로, 천 자루의 붓이 닳아질 때까지 연습했다고 해요.

어휘를 익히는 것만으로는 어휘력을 키울 수 없어요. 추사가 벼루에 구멍이 날 만큼 글씨 연습을 한 것처럼 어휘를 꾸준히 사용하면서 연습해야 해요. 그래야 그 어휘가 내 것이 되고, 자유자재로 사용할 수 있어요.

특히 이 책처럼 역사를 다루고 있는 책에는 과거의 이야기를 다루기 때문에 지금은 잘 사용하지 않는 어휘가 많이 나와 생소하기도 하고 어렵기도 해요. 관련 분야의 책을 꾸준히 읽으면서 어휘의 폭을 넓혀 나가면 어휘력을 키울 수 있어요.

부모와 아이의 인사이트 확장을 위한 TIP

• 이 외에도 역사적인 내용과 관련된 어휘를 쓰고, 뜻을 찾아보게 해 주세요.

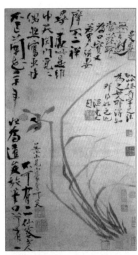

추사 김정희가 그린 〈불이선란도〉

책 제목:

읽은 날짜:　　　월　　일　　요일

망발: _____

오도카니: _____

주눅들다: _____

견문: _____

책망: _____

부고: _____

탁본: _____

문하생: _____

화첩: _____

초정리 편지 ★제10회 '좋은 어린이책' 창작 부문 대상작

글, 그림 배유안, 홍선주   출판사 창비   연계 교과 국어 4-2 4. 이야기 속 세상

책 속으로

장운은 석수쟁이 일을 하다가 몸이 상해 누워 있는 아버지와 누이와 함께 산골에 산다. 어느 날 산에 나무를 하러 갔다가 멋진 선비 할아버지를 만난다. 할아버지의 눈은 토끼처럼 빨갛다.

한양에서 내려왔다는 토끼 눈 할아버지는 장운에게 새로 만들어진 글자를 가르쳐 준다. 누구나 금방 배울 수 있을 만큼 쉬운 글자이다. 장운은 이 글자가 재미있어서 누이와 오복 성님에게 알려 준다.

빚 때문에 남의집살이를 하러 간 누이를 그리워하며 슬퍼하던 장운은 누이로부터 편지를 받는다. 떨어져 있어도 글자를 알아 서로 안부를 전할 수 있어 마음이 놓인다. 장운은 마을 사람들에게도 새로운 글자를 가르쳐 준다.

장운은 석수 일에 능력을 보여 한양으로 올라가 석수 일을 시작한다. 거기에서도 다른 석수들이 글자를 가르쳐 달라고 해서 글자를 가르쳐 준다.

어느 날 일의 진척 상황을 확인하기 위해 임금이 직접 시찰을 나온다. 관복을 입은 사람들이 땅바닥에 쓰여 있는 글을 누가 썼는지, 공책 주인이 누구인지 묻자 장운은 고개를 든다. 그런데 그 앞에 토끼 눈 할아버지가 서 있다. 토끼 눈 할아버지를 다시 만날 것을 고대하며 초정리에 마지막으로 남기고 간 할아버지의 편지를 지금껏 간직했는데 그 소망이 이루어진 것이다.

시크릿한 책 속 이야기

이 책은 제10회 '좋은 어린이책' 창작 부문 대상작으로 역사의식과 이야기의 재미가 어우러진 역작이라는 격찬을 받았던 작품이에요. 책의 표지에 한글이 보여서 한글 창제와 관련된 이야기임을 충분히 짐작할 수 있을 거예요.

한글 창제와 관련된 세종 대왕의 이야기와 세종 대왕이 눈병으로 충북 청원군 초정 약수터에 요양 갔던 역사적 사실에, 장운이라는 상상의 인물과 사건을 더하여 만든 이야기예요. 장운의 이야기를 따라가다 보면 당시 백성들에게 한글이 얼마나 이로웠는지, 또 한글이 그들의 삶을 어떻게 바꾸었는지 알 수 있어요.

이 책의 공간 배경인 충북 청원군 초정리의 광천수는 굉장히 유명한 물이에요. 그 물의 효험 때문에 세종 대왕이 초정리에 요양 차 머물지요. 세종 대왕이 머물렀던 초정행궁도 함께 살펴보면 책 이해에 도움이 될 거예요.

눈병까지 앓으며 한글을 창제한 세종 대왕의 열정, 그 한글 사용을 반대하는 이들에 대한 고뇌도 책 속에 담겨 있어 그 부분을 살펴보는 것도 쏠쏠한 재미랍니다.

부모와 아이의 인사이트 확장을 위한 TIP

• 《세종실록지리지》의 기록에 고려 시대에 초정리 일대를 '초자은소'라고 불렀다는 기록이 있어요. 또 1444년 봄과 가을 두 차례에 걸쳐 세종 대왕이 행차하여 초정행궁을 짓고 121일 동안 기거하며 눈병과 피부병이 낫도록 요양했다고 해요.

초정약수는 600년 이상 물이 마르지 않고 샘솟는 천연암반수이며, 세계 3대 광천수로 알려져 있는 신비한 샘이에요. 왕족들이 피부병에 걸렸을 때 온천에 요양 갔다는 기록이 많이 나오는데, 초정약수가 치료에 탁월했던 것이 아닐까 추측돼요.

세종 대왕이 머물렀다는 초정행궁은 현재 소실되었어요. 지금 있는 초정행궁은 새로운 부지에 새롭게 지은 건물이에요. 초정약수와 세종 대왕을 기리고자 생긴 공간이에요.

초정행궁에 들렀다가 근처 초정문화공원까지 함께 관람하면 좋을 거예요. 《초정리 편지》를 읽고 주말에 가족이 함께 나들이 가 보는 건 어떨까요?

세종 대왕

- 초정행궁

  주소   청주시 청원구 내수읍 초정약수로 851

  운영 시간   9:00-18:00(동절기 17:00)

  휴무일   매주 화요일, 공휴일

  관람료   무료

어린이를 위한 우리말 어감 사전

글, 그림 안상순, 최정미   출판사 다락원   연계 교과 국어 6-2 2. 관용표현을 활용해요

책 속으로

단어 하나로 그 글 전체의 어감이 달라질 수 있다. 이 책은 국어사전을 찾았을 때는 뜻의 설명이 같지만 문장에서 사용했을 때 어감의 차이가 나는 '가면'과 '복면', '간섭'과 '참견', '감사하다'와 '고맙다' 등의 단어를 국어사전처럼 ㄱ-ㅎ까지 제시한 책이다.

단순한 사전의 형태는 아이들에게 흥미를 줄 수 없기에 (고)우니, (예)쁘니, (겸)둥이, (사)랑이, (아)르미 등 어감초등학교 4학년 2반 친구들을 통해 이야기를 제시한다.

각 챕터의 구성은 상단에는 속뜻이나 어감이 다른 대표 단어 2개를 제시하고, 그 아래에 두 단어의 뜻을 설명하는 것으로 되어 있다. 하단에는 각 단어의 쓰임새를 쉽게 이해할 수 있도록 어감초등학교 친구들이 등장하는 만화를 제시한다. 우측에는 비슷한 두 단어의 차이점을 '한 끗 차이'로 속뜻을 설명하여 아이들에게 단어의 뜻과 속뜻을 알게 한다.

시크릿한 책 속 이야기

안상순 작가는 30년이 넘는 세월 동안 국어사전 편찬에 애써 온, 우리말을 바로 세우는 데 힘쓴 분이에요. 그러니 누구보다 우리말의 어감 차이를 세심하게 느꼈을 거예요. 작가는 《우리말 어감 사전》(안상순, 유유)을 통해 우리말의 미묘한 어감을 섬세하게 담았어요. 이 책은 《우리말 어감 사전》을 아이들의 눈높이에서 쉽게 공부할 수 있도록 만든 어린이용 어감 사전이에요. 4학년 캐릭터가 나와서 3~4학년 권장 도서로 제시되어 있지만, 초등 고학년뿐 아니라 중학생이 읽어도 좋은 책이에요.

글쓰기 수업을 할 때 아이들이 쓴 글을 읽다 보면 단어의 미묘한 차이로 문장의 느낌이 확 달라지는 경우가 있어요. 적절하게 단어를 잘 사용하는 아이도 있지만, 글의 느낌을 살리기 위해 이 단어만 살짝 바꿨으면 하는 경우도 있어요. 그때마다 아이들에게 단어의 뜻을 설명하면서 이 미묘한 어감의 차이를 알았으면 하는 생각을 했는데, 이 책이 딱 그런 책이었어요.

어휘력과 문해력을 키우기 위해서는 독서를 많이 해야 한다고 늘 이야기하는데, 그 이유 중 하나가 단어의 미묘한 어감 차이를 알기 위한 것이거든요. 특히 국어 과목, 그중 문학 영역에서 이 어감의 차이가 성적의 성패를 가른답니다. 그뿐인가요. 문해력이 늘면 학교 공부에 자신감도 생기고, 세련된 어휘 생활도 가능하지요.

부모와 아이의 인사이트 확장을 위한 TIP

- 단어의 어감을 확실하게 느끼는 가장 좋은 방법은 일생생활에서 이야기를 많이 나누는 거예요. 문학책도 많이 읽고요. 시인이나 소설가는 섬세한 감정을 담아내기 위해서 많은 어휘를 톺아보고, 여러 번 문장을 쓰고 다듬어요. 그러니 문학책을 많이 읽으면 단어마다 갖고 있는 어감을 알게 될 겁니다.

  읽다가 《우리말 어감 사전》에서 나온 단어가 보이면 다시 찾아 읽어 보세요. 글의 느낌을 더 잘 알 수 있을 거예요. 이것이 '국어 감'을 찾아가는 과정이랍니다.

어휘 천재의 비법노트(1~4단계)

글 강영미, 김경란, 서태진, 장지혜 ´ 출판사 우리학교   연계 교과 국어 5-1 5. 글쓴이의 주장 /
8. 아는 것과 새롭게 안 것 / 5-2 4. 겪은 일을 써요 / 7. 중요한 내용을 요약해요 / 6-2 2. 관용표
현을 활용해요

책 속으로

　〈어휘 천재의 비법노트〉 시리즈는 1단계부터 4단계까지 총 4권으로 구성된
시리즈이다.

　1단계에서 관자놀이, 아킬레스건, 눈독, 체구 등 우리 몸, 감각기관과 연관
된 필수 어휘 120개, 2단계에서 생애, 해산, 여의다, 면역, 팔방미인 등 삶과 죽
음, 병과 치료, 사람 및 성격과 연관된 필수 어휘 120개, 3단계에서 가솔, 혼례,
오지랖, 주거 등 가족과 의식주, 교통 및 날씨와 연관된 필수 어휘 120개, 4단
계에서 금일, 빈도, 잠식, 밀접 등 날짜와 수, 모양, 자연 및 지리와 연관된 필수
어휘 120개를 의미 중심 연관어로 공부한다.

　먼저 필수 어휘가 있는 이야기로 시작하고, 그 뜻을 짐작할 수 있게 한다. 그
뒤 필수 어휘의 뜻을 설명하고, 함께 알아 두면 좋은 관련 어휘를 넣었다. 마지
막에는 어휘를 점검할 수 있는 퀴즈가 나온다.

　1단계의 '관자놀이' 부분을 살펴보면 '급식을 먹고 두개골이 깨질 것처럼
머리가 아팠던' 관자놀이와 관련된 단어와 관자놀이 글자만 파란색으로 표시
한 이야기를 만들어서 제시한다. 그다음으로 이 이야기에서 파란색으로 된 어
휘의 뜻, 관련된 이야기, 한자 등을 게시해 단어의 뜻을 확장시켜 이해할 수 있
게 한다. 마지막으로 파란색 단어와 관련된 퀴즈를 제시해 제대로 이해했는지
확인한다. 즉, 문맥 속에서 뜻을 생각하기 → 글자의 뜻과 관련된 이야기 제시
하기 → 관련 퀴즈 풀기의 세 단계로 어휘를 확실히 익히도록 한다.

시크릿한 책 속 이야기

어휘력이 부족한 초등 중·고학년을 위한 어휘 학습서예요. 아이들에게 항상 책을 읽다가 모르는 단어가 나오면 국어사전을 찾으라고 이야기해요. 하지만 귀찮아하면서 국어사전을 찾지 않고 그냥 넘어가는 경우가 많답니다. 그렇게 공부하면 초등 고학년이 되었을 때 어휘력이 부족해져요. 어휘력이 부족하면 문해력 역시 부족할 수밖에 없어요.

교과서와 일상생활에서 자주 쓰이는 어휘 120개를 단계별로 수록해 놓았어요. 주제와 의미 중심으로 어휘를 분류하고 비슷한 말을 제시해 놓아, 하나의 주제에서 가지를 뻗어나가며 체계적으로 어휘 공부를 할 수 있어요. 한눈에 알아보기 쉬운 도표들을 보면 꼭 공부를 잘하는 친구의 노트를 훔쳐보는 느낌이 들어요.

부모와 아이의 인사이트 확장을 위한 TIP

• KBS 한국어능력시험이 있어요. 올바른 한국어 사용 능력을 갖추고 있는지 측정하는 시험이에요. 이 시험은 국어를 정확하고 교양 있게 사용하고, 아름답게 가꾸어 보전해야 할 선도적 사명과 책임이 있는 KBS가 국민의 국어 사용 능력을 높이고 국어문화를 발전시키는 데 기여하기 위해 시행하는 시험으로 국어 능력의 효과성과 유창성, 정확한 언어 사용, 창의성, 국어문화 능력을 측정하기 위한 시험이에요.

국어를 잘하는 사람이 외국어도 잘할 수 있어요. 국어로 바르게 사고하는 사람이 외국어로도 정확히 표현할 수 있고요. 국어로 생각을 조리 있게 표현하지 못하는 사람은 외국어로도 표현하기가 어려워요.

시험은 객관식 5지 선다형 80~100문항으로 출제돼요. 한국의 고등학교 수준의 국어 교육을 정상적으로 받은 사람이 풀 수 있는 수준으로 출제된다고 해요. 그렇지만 급수가 낮은 경우 초등학생도 많이 응시하니 기출문제를 보고 아이의 수준에 맞는 시험에 도전해 보기를 추천해요.

접수는 KBS한국어능력시험 홈페이지(www.klt.or.kr)에서 온라인으로만 접수해요. 응시 지역은 서울, 인천, 수원, 고양, 부산, 울산, 창원, 대구, 광주, 전주, 대전, 청주, 춘천, 강릉, 제주 등 15개 권역에서 실시하고, 응시자는 접수 시 고사장을 선택해야 해요(사정에 따라 취소되는 지역이 발생할 수 있어요).

접수 기간	접수 시작일 9시부터 접수 마감일 18시까지
응시료	33,000원(자격증 발급 수수료 5,000원 본인 부담)
수령	신청일로부터 4일 이내 등기우편으로 도착
준비물	신분증, 수험표, 연필, 지우개
시험 시간	10:00~12:00 (쉬는 시간 없음)
	듣기 평가 25분 / 읽기 평가 95분

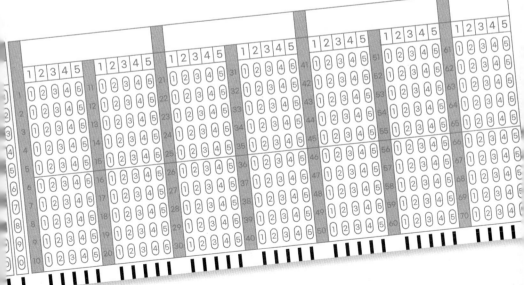

도전! 초등 국어 표현력 퀴즈왕

글, 그림 박수미·이혜경, 안주영   출판사 다락원   연계 교과 국어 6-1 1. 비유하는 표현 / 5. 속담을 활용해요 / 6-2 2. 관용표현을 활용해요

책 속으로

초등학생이 꼭 알아야 할 용어를 게임하듯 퀴즈를 맞히며 익힐 수 있도록 120개의 속담, 고사성어, 관용어 등이 구성되어 있다. 각 문제의 번호 위에는 별 5개로 문제의 난이도를 알 수 있다. 각 장을 라운드로 표시해 놓았다.

〈ROUND 1 추리력 UP! 초성 퀴즈〉는 초성 힌트를 보고 빈칸에 들어갈 말을 맞힌다. 예를 들어, 'ㅎㄴ을 팔다'를 맞히는 것이다. 만일 퀴즈가 어렵다면 동물 캐릭터가 알려 주는 힌트를 참고하면 된다.

〈ROUND 2 순발력 UP! ○× 퀴즈〉는 주어진 문제와 힌트를 읽고 맞으면 ○, 틀리면 ×에 표시한다. 예를 들어, 아주 맛있는 음식을 뜻할 때 '그림의 떡'이라는 말을 사용하는 것이 맞는지, 틀린지를 ○×로 표시하는 것이다.

〈ROUND 3 관찰력 UP! 만화 퀴즈〉는 만화를 보고 상황에 어울리는 표현을 아래쪽 빈칸에 쓰는 것이다. 글을 쓰면서 헷갈리는 맞춤법과 띄어쓰기도 자연스럽게 터득할 수 있다.

〈ROUND 4 상상력 UP! 끝말잇기〉는 혀를 차다 → 다다익선 → 선견지명 등으로 끝말잇기가 이어진다. 아래쪽에 그림과 힌트가 있어서 유추하면서 빈칸을 채울 수 있다. 뜻이나 예문을 살펴서 '보기'에서 알맞은 말을 골라 완성하는 문제도 있다.

〈ROUND 5 사고력 UP! 사다리 타기〉는 사다리를 따라 연결된 뜻과 표현이 맞으면 ○, 틀리면 ×에 표시한다.

〈ROUND 6 분석력 UP! 낱말 퍼즐〉은 다양한 낱말을 익힐 수 있는 가로세로 낱말 퍼즐을 푼다. 가로 문장 하나와 세로 문장 하나에 공통으로 들어갈 말을 쓰는 것부터 가로세로 십자말풀이 등으로 난이도가 점점 높아진다. 책의 제일 뒤쪽에는 각 문제의 답이 제시되어 있다.

시크릿한 책 속 이야기

오랜 시간 아이들을 가르치면서 해마다 아이들의 어휘력이 뚝뚝 떨어지는 게 느껴져요. 그러나 막상 어휘력을 다지기 위해 공부를 시키면 지루해 하면서 하지 않으려고 해요. 초등학생 때부터 자연스럽게 다양한 어휘를 익힌다면 중고등학생이 되어서도 학습에 큰 도움이 된답니다. 이 책은 가볍게 접근해서 즐겁게 국어 공부를 할 수 있게 구성되어 있어요. 이런 재미있는 놀이책으로 어휘력을 다진다면 학습력도 높아질 거예요.

부모와 아이의 인사이트 확장을 위한 TIP

• 어휘력을 키우는 데 재밌고 효과 좋은 보드게임을 하나 추천해요. '테마틱'이라는 보드게임이에요. 2~10명의 인원으로 하는 카드 게임인데, 게임을 하다 보면 재미있어서 물개박수를 친다는 '물개박수 시리즈' 중 하나예요.
테마틱은 다양한 주제 카드와 14개의 자음 카드로 구성되어 있는데, 한 가지 주제를 정하고 선정된 자음 카드에 맞는 단어를 빠르게 연상해 외치면 된답니다. 주제 카드에는 8개의 주제가 적혀 있어요.
선 플레이어가 주제어 카드를 뽑아 8개의 주제 중 하나를 골라 모두에게 알려 주면 게임이 시작돼요. 탁자에는 5가지 자음 카드가 랜덤으로 있고, 오른쪽에는 1~4점짜리 카드들을 놓아둬요. 만약 ㅂ, ㅇ, ㄱ, ㄴ, ㅎ의 자음 카드가 깔려 있고 주제어가 '시끄러운 것'이라면 ㅂ, ㅇ, ㄱ, ㄴ, ㅎ으로 시작하는 시끄러운 것을 빨리 말해요. 단어 중 첫 시작이 이 5가지의 자음으로 시작하면 돼요.

가장 빠르게 외친 사람이 4점 카드, 그다음 외친 사람이 3점 카드, 그다음 외친 사람이 2점 카드를 가져가서 각 자음 옆에 있는 점수 카드가 모두 없어질 때까지 게임을 진행하고 점수가 가장 높은 사람이 이기는 게임이에요. 예를 들어, '호루라기'라고 외치고 ㅎ의 4점 카드를 가져가요. 그럼 ㅎ으로 시작하는 다른 단어를 이야기한 사람은 3점 카드를 가져가는 거죠.

재미있고 휴대성도 좋아 언제, 어디서나 즐길 수 있는 게임이에요. 어휘력 향상은 덤이겠죠?

움직이는 우리말, 동사

글, 그림 오은주, 유창창   출판사 뜨인돌어린이   연계 교과 국어 5-1 8. 아는 것과 새롭게 안 것

책 속으로

편찮으신 할아버지께 "빨리 나으세요."가 맞을까, "빨리 낳으세요."가 맞을까, "빨리 낫으세요."가 맞을까? 우리말에서 동사를 제대로 쓰는 것은 쉬운 일이 아니다.

1장 〈움직임을 담은 말, 동사와 만나요〉에서는 동사와 관련한 다양한 이야기를 제시해 동사를 소개한다. 2장 〈동사는 모양이 변하고 뜻도 여럿이에요〉에서는 동사의 활용, 다양한 뜻을 설명한다. 3장 〈동사, 헷갈리지 마요〉에서는 헷갈리기 쉬운 동사들을 설명하고, 4장 〈동사가 더 잘 보여요〉에서는 이 동사들을 적용한 이야기가 제시된다.

이 책은 동사를 활용해 짧은 이야기가 나오고 옆쪽에 그 동사의 의미를 설명한다. 그뿐 아니라 동사의 활용, 문장의 종류, 문장 성분, ㄹ탈락, 어간 등의 문법적 의미까지 예문을 들어 설명한다. 또 소리가 비슷한 모양의 단어도 한데 묶어서 비교해 헷갈리지 않게 돕는다.

동사를 알기 위해서는 기본형을 알아야 한다. '먹고', '먹어서', '먹는', '먹지'처럼 문맥에 맞추어 동사를 활용하더라도 가장 기본이 되는 뜻과 형태는 '먹다'이다. 이렇게 기본이 되는 형태를 '기본형'이라고 한다. 사전에는 동사의 여러 모습 중 기본형만 대표로 올라와 있다. 그러니 사전을 찾기 위해서는 기본형을 알아야 한다. 기본형을 바탕으로 다양한 활용의 예를 보여서 기본형과 활용형을 모두 알 수 있다.

시크릿한 책 속 이야기

문장의 필수 성분 2가지를 꼽으라면 주어와 서술어예요. 서술어에는 동사와 형용사가 있어요. 동사는 주어가 어떻게 움직이는지 알려 주는 말이에요. 따라서 동사가 없으면 대부분의 문장이 이루어지지 않는다고 보면 돼요.

동사는 '활용'이라는 것을 하는데, 국어사전을 찾을 때의 모양인 기본형 그대로 있지 않아요. 문장에서 모양이 자꾸 바뀌거든요. 어떤 모습을 하고 있는지에 따라 문장 안에서 역할이 달라지기도 해요. 그뿐인가요. 같은 모양의 동사이지만 뜻이 여러 개라 문맥을 통해서 동사의 뜻을 짐작해야 하는 경우도 많아요.

중고등학생이 되면 이런 내용을 문법 수업 시간에 딱딱하게 배워요. 선생님이 아무리 재미있게 설명해도 아이들에게는 그저 재미없는 문법일 뿐이에요. 하지만 문법을 잘 알아야 어휘도 제대로 사용할 수 있어요. 그중에서 자유자재로 변신하는 동사의 문법적 특징은 너무나 많아요.

동사는 아주 중요한 품사예요. 동사의 뜻과 쓰임새, 어떻게 모양이 변하는지까지 꼭 알아 두면 좋겠어요. 동사에 따라 글 전체의 느낌까지 달라질 수 있어요. 동사를 능수능란하게 잘 쓰는 사람이 말하고자 하는 바도 명확하게 전달하고, 맛깔나게 글도 잘 쓸 수 있어요.

2개씩 짝지어 있는 책을 읽으면서 반대말이나 비슷한 말, 헷갈리기 쉬운 동사들을 공부하다 보면 어휘력이 쑥쑥 향상되어 상황에 맞게 동사를 잘 사용할 수 있을 거예요.

부모와 아이의 인사이트 확장을 위한 TIP

• 〈맞춤법 절대 안 틀리는 노래〉를 아나요? 신나는 멜로디에 맞춤법을 알려 주는 가사로 즐겁게 노래를 따라 부르다 보면 어느새 맞춤법을 틀리지 않을 수 있는 노래예요.

중등 2학년에 맞춤법 단원이 나오는데, 아이들과 이 노래를 부르면서 올바른 맞춤법 사용에 대해 이야기를 나누고, 나중에 그것으로 시험 문제도 냈어요. 노래로 맞춤법을 익히니 대부분 노래를 다 외워서 잘 맞히더라고요.

중학생뿐 아니라 초등학생 아이들도 몇 번 들려주면 흥얼흥얼 잘 따라 부른답니다. 아래의 QR코드를 찍어 아이와 함께 〈맞춤법 절대 안 틀리는 노래〉를 불러 보면 어떨까요?

맞춤법 절대 안 틀리는 노래
유튜브 채널 〈과나gwana〉

복작복작 세상을 바꾸는 법칙 ★소년조선일보 올해의 어린이책

글, 그림 박동석, 송진욱 출판사 봄볕 연계 교과 국어 5-2 2. 지식이나 경험을 활용해요 /
5. 여러 가지 매체 자료 / 6-2 2. 관용표현을 활용해요

책 속으로

　사람들이 관계를 맺고 살아가는 과정에서 여러 가지 사회 현상이 일어난다.
단순한 일이라도 그 속에는 규칙이나 일정한 법칙을 담고 있다. 이 법칙에 대
해 살펴보자.

　'도도새의 법칙'은 멸종된 모리셔스 섬의 도도새 이야기를 통해 도전과 시
련이 없으면 발전이 없다는 법칙을 이야기한다. '피그말리온 효과'는 조각상
과 사랑을 이루고 싶은 피그말리온의 간절한 바람이 이루어진 그리스 로마 신
화의 이야기를 통해 간절히 바라면 원하는 것을 얻을 수 있다는 것을 이야기
한다. '플라시보 효과'는 제2차 세계대전 중 부상병들에게 가짜 약을 주었는데
그것이 효과가 있었던 것을 통해 모든 것은 의지에 달려 있다고 이야기하는
법칙이다.

　'헤일로 효과'는 외모가 예쁘면 마음도 예쁠 거라 생각하는 법칙이다. '깨진
유리창 이론'은 유리창이 깨진 자동차가 멀쩡한 자동차에 비해 더 많이 망가
진 것을 보고 사소한 문제를 해결하지 않고 방치하면 큰 문제로 이어질 수 있
다는 것을 이야기하는 법칙이다. '님비 현상'은 미국 정부가 아이슬립에서 배
출된 쓰레기를 처리할 지역을 6개월 동안 찾지 못했던 데서 유래한 것으로 자
신의 지역에 혐오 시설 등이 들어서는 것을 반대하는 현상을 나타내는 법칙
이다.

　'하인리히 법칙'은 여러 가지 자연현상을 보고 비가 오는 것을 알 수 있다는
것으로 큰 사건은 예고 없이 일어나지 않는다는 것을 이야기하는 법칙이다.
'나비효과'는 나비의 날갯짓에 불과하던 바람이 거대한 돌풍으로 변한다는 것
으로 작은 행동이 큰 결과를 가지고 온다는 것을 이야기하는 법칙이다.

　'머피의 법칙'은 어떤 일이 잘 풀리지 않고 꼬이기만 하는 상황을 나타내는

법칙이다. '악어의 눈물'은 악어가 먹이를 먹을 때 눈물샘이 자극되어 눈물을 흘리는데, 이처럼 거짓 눈물을 비유적으로 이르는 말이다. '방관자 효과'는 제노비스가 끔찍한 범죄를 당했지만 아파트 주민 중 단 한 명만 경찰에 신고한 상황을 보고 사람이 많을수록 어려운 사람을 돕지 않는다는 것을 이야기하는 법칙이다.

세상에 이렇게 많은 법칙이 있는 것처럼 완벽한 것은 없다. 모든 일은 마음가짐이나 사고방식에 따라 다르게 적용될 수 있으니 다양한 법칙을 자신에게 어떻게 적용해 삶을 바꿀 것인지 생각하는 시간을 가져야 한다.

시크릿한 책 속 이야기

인간의 삶에는 다양한 모습과 현상이 있고, 사람들은 그것에 재미있는 이름을 붙였어요. 처음 들을 때는 낯설게 느끼겠지만 알고 보면 그리 어렵지 않아요. 이 책에 실린 여러 현상에 대해서는 앞으로도 다양한 매체에서 만나게 될 거예요. 특히 사회현상을 주로 이야기하는 언론에서 많이 다룬답니다.

어휘력 향상을 위해 신문을 읽어야 한다는 이야기를 많이 들었을 거예요. 신문에서 얻을 수 있는 어휘력이 바로 이런 세상의 법칙을 설명하는 어휘거든요. 사회현상을 설명하는 법칙 용어를 알면 세상의 이야기를 읽을 때 훨씬 이해가 잘될 거예요.

• 아이와 여러 가지 사회 현상의 법칙에 대해 이야기를 나눠 보세요. 책에 있는 법칙뿐만 아니라 아이만의 법칙에 대해서도 이야기를 나눠 보세요.

1. 너만 가지고 있는 법칙은 무얼까?

2. 어떤 때 그렇게 느꼈어?

3. 그 법칙은 너한테 좋은 거니, 안 좋은 거니?

----

4. 너만의 법칙으로 만들고 싶은 게 있을까? 이유는?

세종 대왕, 바른 소리를 만들다

글, 그림 정수희, 김병하   출판사 천개의바람   연계 교과 국어 5-1 2. 작품을 감상해요 / 10. 주
인공이 되어 / 6-1 8. 인물의 삶을 찾아서 / 6-2 1. 작품 속 인물과 나

책 속으로

세종초등학교는 해마다 10월에 축제가 열린다. 6학년 2반은 세종 대왕을 주
제로 연극을 준비한다.

승환이는 세종 대왕처럼 고기를 좋아하고 책 읽기를 좋아해서 세종 대왕 역
할을 맡는다. 승환이와 친구들은 연극 연습을 하면서 세종 대왕과 관련된 책
도 읽고, 영화와 드라마도 보며 세종 대왕에 대해 하나씩 알아 간다.

아이들은 한글을 창제하기까지 있었던 일들을 연극으로 만들어 연습한다.
훈민정음을 만든 3년 후, 446년에 훈민정음을 만든 이유를 설명한 《훈민정음
해례본》을 만들었다는 기록만 있고 《훈민정음 해례본》은 전해지지 않았는데
1910년대에 간송 전형필 선생이 《훈민정음 해례본》을 찾아 세상에 밝힌다. 아
이들은 세종 대왕의 이야기뿐 아니라 이런 내용까지 모두 연극에 담는다.

승환이는 백성들의 마음을 알아주고, 문자를 만들어 백성을 도우려 했던 세
종 대왕을 이해하며 자신의 마음도 들여다보고 친구들을 이해하는 마음도 알
게 된다.

시크릿한 책 속 이야기

조선 시대는 일반 백성은 한자를 배워서 쓰기는 어려운 시대였어요. 세종 대왕은 백성들이 글자를 몰라서 억울한 일을 당하거나 어려움을 겪지 않도록 백성들이 쉽게 익힐 수 있는 글자를 만들어야겠다고 생각했어요.

그렇게 만들어진 글자가 '훈민정음'이에요. 하늘과 땅, 사람의 조화를 상징하는 모음과 입 모양을 본뜬 자음으로 구성된 훈민정음은 세계에서 가장 독창적이고 과학적인 글자랍니다. 하지만 안타깝게 당시 조선 사회에서 그리 인정받지는 못했어요.

이 책을 통해 이런 세종 대왕의 이야기를 살펴볼 수 있어요. 하지만 위인의 이야기를 중심으로 다루는 일반적인 위인전과 다르게 초등학생 아이들의 학교 생활을 통해 세종 대왕의 업적뿐 아니라 그의 삶과 철학까지 생각할 수 있어 더욱 재미있게 읽을 수 있는 책이에요.

부모와 아이의 인사이트 확장을 위한 TIP

• 세종 대왕의 삶을 살펴볼 수 있는 곳이 있어요. 세종대왕릉이 있기도 한 세종대왕 역사문화관이에요. 3개의 상설 전시실, 1개의 기획 전시실, 영상실, 수장고 등으로 이루어져 있어요. 세종 대왕의 일대기와 업적 등을 살필 수 있답니다. 문헌 자료도 많아서 세종 대왕에 대해 상세히 알 수 있을 거예요.
세종대왕 역사문화관을 보고 효종대왕릉과 세종대왕릉을 관람하면 훨씬 다채롭게 관람할 수 있어요. 세종대왕 역사문화관은 무료이지만 왕릉은 500원의 입장료가 필요해요. 주말에 아이들과 나들이 삼아 세 곳을 함께 둘러보고 오세요. 아이들과 이야기할 거리가 훨씬 풍성해질 거예요.

• 세종대왕 역사문화관
　주소　　　경기도 여주시 세종대왕면 왕대리 955-12
　운영 시간　9:00~16:30 (2~5월, 9~10월 9:00-17:00)
　휴관일　　매주 월요일
　관람료　　무료

세종 대왕에 대한 책도 많이 있어요. 이 책들은 세종 대왕의 업적과 그 외에 생각할 거리가 많아요.

- 《세종 대왕을 찾아라》, 김진, 천개의바람
  과거 시험 날 사라진 세종 대왕을 찾다 보면 자연스럽게 세종 대왕이 왜 한글을 만들었는지 알 수 있는 이야기

- 《세종 대왕 독서법》, 조혜숙, 주니어랜덤
  책 읽기를 싫어하는 4학년 도영이가 온천에서 만난 이도 할아버지를 통해 서서히 책 읽기에 관심을 갖게 되는 이야기

세종 대왕 동상

국어 시간에 졸지 말아야 할 이유 25가지

글, 그림 김대조, 국민지 출판사 뜨인돌어린이 연계 교과 국어 5-1 2. 작품을 감상해요 / 5. 글 쓴이의 주장 / 8. 아는 것과 새롭게 안 것 / 5-2 2. 지식이나 경험을 활용해요 / 4. 겪은 일을 써 요 / 7. 중요한 내용을 요약해요 / 6-2 2. 관용표현을 활용해요

책 속으로

이 책에는 우이글 선생님과 소심, 오정, 우치, 밍구, 꽁지라는 다섯 아이가 등 장한다. 개학날 아이들은 떨리는 마음으로 등교한다. 교실로 들어온 아이들은 칠판에 조용히 있으라는 말이 아니라 친구들과 말을 많이 하고 있으라는 선생 님의 글을 보고 당황한다.

이렇게 새 학년이 시작되었다. 오정이는 툭하면 남의 말에 끼어들어 자기 말을 먼저 하는 얄미운 아이다. 선생님은 남의 말을 듣는 것이 인간관계의 시 작이라고 하며 듣기에 대해 말한다. 우리가 태어나면서 가장 먼저 하는 것이 듣기이고, 듣기를 익혀야 말하기를 할 수 있다. 그리고 말할 때는 다른 사람을 배려해야 한다.

꽁지는 선생님 말에 집중하지 못하는데, 그럴 때는 메모하기, 말하는 사람을 바로 쳐다보기 등을 통해 집중하며 듣는 연습을 해야 한다.

소심이는 반장 선거에 나가고 싶지만 다른 사람 앞에서 말하는 것이 쉽지 않다. 선생님은 소심이에게 말 잘하는 비법 3가지를 전수한다.

국어는 듣기·말하기, 읽기, 쓰기, 문학, 문법의 5가지 영역으로 이루어져 있 다. 이 책은 국어 시간에 듣기와 말하기를 공부하는 이유, 읽기를 공부하는 이 유, 쓰기를 공부하는 이유, 문학을 공부하는 이유, 문법을 공부하는 이유 등 5가지 주제로 나누어 각 영역을 공부해야 하는 이유를 아이들의 일화를 통해 구체적으로 설명한다.

시크릿한 책 속 이야기

이 책은 국어가 왜 중요한지, 국어를 잘하면 우리에게 어떤 도움을 주는지 쉽게 설명해 주는 책이에요.

많은 아이들이 국어 공부를 왜 해야 하는지 깊이 생각하지 않아요. 영어나 수학은 어려서부터 열심히 해야 한다고 많은 이들이 이야기하고, 또 어려워서 좋아하지는 않지만 그래도 공부해야 한다고 생각하는데, 국어는 모국어로 이미 읽고 쓸 수 있으니 어렵다고 생각하지 않는 거죠.

고등학생이 되어서 국어 공부를 어떻게 할지 고민하면 너무 늦어요. 초등학생 때부터 국어를 '잘' 사용할 수 있어야 해요. 공부로서의 국어가 아니라 생활 속에서, 경험에서 국어를 공부해야 하는 거죠.

국어 시간에 읽기를 공부하는 이유, 쓰기를 공부하는 이유, 문학을 공부하는 이유, 문법을 공부하는 이유 등을 살펴보며 평소 자신의 국어 생활을 되돌아볼 수 있을 거예요.

부모와 아이의 인사이트 확장을 위한 TIP

• 아이와 국어 시간에 대해 이야기를 나눠 보세요.

1. 국어 시간에 졸았던 적 있어?
   존 적이 없으면 조는 친구를 본 적 있어?

----

2. 왜 졸았을까?

----

3. 졸지 않으려면 어떻게 해야 할까?

----

4. 국어 공부를 잘하기 위한 방법은 뭘까?

------

5. 국어 공부 계획서를 세워 볼까?

① 국어 공부를 잘하려면 무슨 공부를 해야 할까?

------

② 그 공부를 하려면 어떤 걸 해야 할까?

------

③ 1년 뒤 나는 그 공부를 어느 정도로 할 수 있을까?

------

④ 그렇게 하려면 지금 나는 어떻게 해야 할까?

한글 대표 선수 10+9

글, 그림 김슬옹·김웅, 이수진 출판사 창비교육 연계 교과 국어 5-1 2. 작품을 감상해요 / 8. 아는 것과 새롭게 안 것 / 5-2 2. 지식이나 경험을 활용해요

책 속으로

　1부에서 조선 시대의 한글과 관련된 대표 선수 10명을 제시한다. 한글을 만든 세종, 한글 창제와 반포의 숨은 공로자인 문종, 한글 반포에 큰 공을 세운 신숙주, 실용 한글 교육 시대를 연 최세진, 한글 소설을 쓴 허균, 한글 문학을 진정한 문학으로 여긴 김만중, 한글 요리책으로 살림을 산 장계향, 한글 편지에 모든 걸 담은 정조, 한글 소설로 거리에서 이야기를 들려주던 전기수, 한글 백과사전으로 여성들을 도운 빙허각 이씨 등의 이야기를 볼 수 있다. 특히 여성들을 등장시켜 한글이 신분 고하와 남녀를 불문하고 널리 쓰였음을 알 수 있다.

　2부에서는 근현대에서 한글과 관련된 대표 선수 9명을 제시한다. 외국인이지만 한글 홍보 대사였던 헐버트, 한글 대중화와 근대화의 개척자인 주시경, 토박이말의 대가인 최현배, 우리말 사전 편찬의 선구자인 이극로, 6개의 점으로 어두운 세상을 밝힌 박두성, 온몸으로 훈민정음을 지켜낸 전형필, 한글 기계화에 앞장선 공병우, 글꼴의 장인인 최정호, 한글 이름 짓기의 달인인 금수현 등의 이야기를 볼 수 있다.

　그중 전기수의 이야기를 살펴보자. 영조와 정조 때는 한글 소설이 인기가 많아 한글 소설을 읽어 주는 전기수의 인기도 많았다. 청계천 다리에 전기수가 나타나자 사람들이 몰렸다. 전기수가 가장 긴장되고 중요한 부분에서 입을 다물면 사람들이 돈을 던졌다. 어느 날 전기수가 《임경업전》을 읽어 주었다. 그의 실감 나는 김자겸 연기에 한 사내가 들고 있던 낫으로 전기수를 내리쳤다. 소설에 빠져 현실과 이야기를 구별하지 못한 것이다.

　이렇게 이 책에서는 여러 인물의 이야기를 재미있는 이야기 형식으로 담고, 마지막에 이들을 가상 인터뷰하여 그들의 삶과 한글과의 관계에 대해 더 깊이 있게 생각할 수 있게 한다.

시크릿한 책 속 이야기

언젠가부터 우리 삶에서 한글보다 더 중요한 언어가 생겼어요. 그건 영어예요. 그렇지만 우리는 한글로 말하고 생각해요. 우리가 지금 한글로 읽고 쓰고 말하는 것이 결코 우연이 아니에요. 한글을 만들고 가꾼 이들의 노력 덕분이지요.

한글을 만든 세종 대왕부터 한글을 어떻게 써야 할지 연구했던 신숙주, 한글을 활용해 소설을 썼던 허균과 김만중 등 많은 이들의 노력으로 한글이 이어졌어요. 그뿐인가요. 일제강점기 때 우리말과 글을 없애려 했지만 주시경, 최현배 등 많은 인물의 노력으로 지금 한글을 사용할 수 있게 되었죠.

책 속에는 본인이 의도했건 의도하지 않았건 한글을 지키고 발전시켜 온 19명의 인물이 나와요. 한글이라 하면 세종 대왕만 떠올리는 경우가 많은데, 이 책을 읽으며 지금의 한글이 있기까지 수많은 사람의 노력이 스며 있다는 걸 알게 될 거예요.

한글의 소중함을 알고 올바르게 사용하는 것이 어휘력을 기르는 첫걸음이랍니다.

부모와 아이의 인사이트 확장을 위한 TIP

• 이 책에서 제시된 인물 중에 알고 있는 인물이 몇이나 되나요? 장계향은
저도 이 책을 읽으며 처음 알게 된 인물이에요. 책 속의 인물 중 한 명에게
편지를 써 볼까요?

께

드림

남북한 어린이 말모이

글, 그림 정도상·장효진, 허지영   출판사 창비교육   연계 교과 국어 5-1 8. 아는 것과 새롭게 안 것 / 5-2 2. 지식이나 경험을 활용해요 / 7. 중요한 내용을 요약해요 / 6-1 8. 인물의 삶을 찾아서 / 6-2 1. 작품 속 인물과 나 / 2. 관용표현을 활용해요

책 속으로

　북한의 동요, 속담, 엽서, 교과서, 동화, 놀이, 교통 표지판 등 실제 북한의 언어 자료를 바탕으로 북한말을 제시한다. 실제 언어 사용 맥락 안에서 북한말을 소개하고 그 뜻을 표현하였다.

　책의 왼쪽 면에는 북한말의 맥락을 그림으로 나타내고, 오른쪽 면에는 그 뜻을 설명하거나 북한말에 대응하는 남한말을 소개한다. 또 북한 아이들의 일상생활을 설명하는 글로 나타내었다.

　1부는 초등 저학년 아이들 수준에 맞춰 학교 이야기를, 2부는 초등 중학년 아이들의 수준에 맞춰 아이들의 일상생활에 관한 이야기를, 3부는 초등 고학년 아이들의 수준에 맞춰 수업 이야기를 담고 있다.

시크릿한 책 속 이야기

《남북한 어린이 말모이》는 겨레말큰사전남북공동편찬사업회가 기획하고 감수한 어린이용 북한말 사전이에요. 정도상 작가는 북한말 전문가이고, 장효진 작가는 초등학교 선생님이에요. 두 작가의 노력으로 초등 아이들에게 맞는 북한말을 선정하고, 소개할 수 있었어요. 이 말들은 북한의 동요, 속담, 교과서 등 다양한 자료를 바탕으로 만들었어요.

일상생활에서 사용하는 북한말을 중심으로 북한 아이들의 학교생활과 일상을 살필 수 있어요. 아이들의 눈높이에 맞춰 분량이나 난이도를 조절해 1, 2, 3부로 나누었어요.

남북한의 말이 조금 다르다고 느껴지지만 면밀하게 살펴보면 비슷한 것이 훨씬 많아요. 남북 관계가 좋았을 때 학생들을 인솔해서 금강산으로 수학여행을 간 적 있어요. 금강산 가이드와 마지막으로 내려오며 뒤처진 아이가 없는지 챙겼어요. 그때 그분과 이런저런 이야기를 나누었어요. 분단된 지 50년이 넘었는데도 서로가 하는 말을 자연스럽게 알아들을 수 있다는 것이 참 신기했어요.

중고등학교 교육과정을 살펴보면 통일국어에 대해 다루어요. 이 책을 통해 남북한 언어의 다른 점과 비슷한 점을 자연스럽게 느낄 수 있을 거예요. 또 남북한의 언어를 미리 알면 중고등학교에서 통일국어를 공부할 때 도움이 될 거예요.

부모와 아이의 인사이트 확장을 위한 TIP

- 이 책을 읽고 독후 활동에 함께할 북한말 관련 보드게임이 있어요. '북한말 맞히기 놀이감'이에요.

  단어 카드 40장, 도움 카드 6장으로 구성된 카드 보드게임이에요. 카드 한 장에 북한말과 남한말이 4쌍씩 들어 있는데, 북한말을 불러 주면 그 말이 남한말로 무엇인지 맞히는 거예요.

  "북한말 ○○○은 남한말로 무엇일까?"라고 질문하면 상대 플레이어들이 정답을 맞히는 거죠. 만약 플레이어들이 잘 모른다면 도움 카드를 뒤집어서 몸으로 표현하거나 초성을 알려 주는 등 도움 카드에 적힌 활동으로 힌트를 줄 수 있어요.

  연령 제한은 없어요. 2~8명까지 플레이할 수 있고, 시간은 생각보다 그리 오래 걸리지 않아요. 설명에는 40분이라 되어 있어서 충분히 가능할 거라고 생각하고 수업 시간에 했다가 너무 빨리 끝나서 게임 규칙을 조금 바꾸기도 했거든요. 이런 활동을 통해 남북한의 언어를 잘 이해하는 계기를 만들면 좋겠어요.

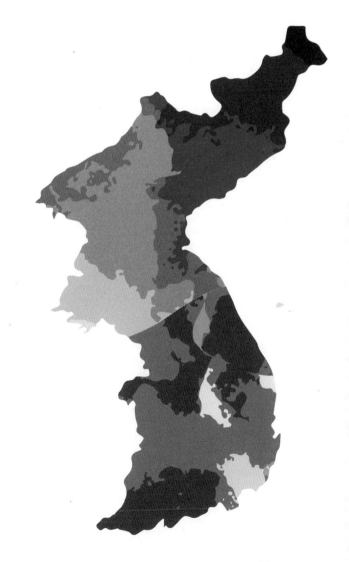

초등학교 국어 교과서
수록 도서 목록

부록은 초등학교 국어 교과서에 나오는 제재의 작품 이름을 썼어요. 국어 교과서에는 국어 작품 전체를 실을 수 없으니 제재로 일부분만 다루고 있거든요. 새 학기가 시작될 때 부모님이 교과서 수록 도서를 찾아 아이들에게 읽혀 보세요. 아이가 자신감 있는 학교생활을 하게 될 거예요. 5, 6학년은 국어 활동 교과서가 없어서 국어 교과서만 실었답니다.

자세히 보면 50권의 작품은 나 자신에서 사회로 점차 시각을 확장할 수 있도록 책의 순서를 정했답니다. 1, 2학년의 통합교과 《봄》은 나와 친구, 《여름》은 가족, 《가을》은 명절과 친척·사회, 《겨울》은 사회와 우리나라로 영역을 넓혀 가거든요.

초등학교 국어 교과서 수록 도서 목록을 체계적으로 읽어 보세요. '나' 뿐 아닌 '사회'를 보는 눈이 성장하고, 세상을 보는 시각이 점차 확장되는 것을 느낄 수 있을 거예요.

초등 저학년(1~2학년) 국어 교과서 수록 도서

수록 학년과 교과서	책 제목 (출판사)	지은이	확인
	라면 맛있게 먹는 법 문학동네	권오삼	◯
	숨바꼭질 ㄱㄴㄷ 현북스	김재영	◯
	표정으로 배우는 ㄱㄴㄷ 애플비	솔트앤페퍼커뮤니케이션	◯
	소리치자 가나다 비룡소	박정선	◯
	동물 친구 ㄱㄴㄷ 웅진주니어	김경미	◯
	한글의 꿈 포스터 리틀애나	성유진	◯
	생각하는 ㄱㄴㄷ 논장	이보나 흐미엘레프스카	◯
1학년 1학기 국어 (가)	손으로 몸으로 ㄱㄴㄷ 문학동네	전금하	◯
	말놀이 동요집 1 비룡소	최승호 작사, 방시혁 작곡	◯
	우리 동요 ― 랄랄라 신나는 인기 동요 60곡 애플비북스	작자 미상	◯
	깊은 산속 옹달샘 누가 와서 먹나요 예림당	윤석중	◯
	어머니 무명 치마 창작과비평	김종상	◯
	이가 아파서 치과에 가요 받침없는동화	한규호	◯
	어린이 명품 동요 100곡 1 태광음반	박화목 작사, 외국 곡	◯
	인사할까, 말까? 웅진다책	허은미	◯
	1학년 즐거운 생활 올에이미디어	정세문 작사, 신동일 작곡	◯

	구름 놀이 아이세움	한태희	◯
	동동 아기 오리 다섯수레	권태응	◯
1학년 1학기 국어 (나)	글자동물원 문학동네	이안	◯
	아가 입은 앵두 보물창고	서정숙	◯
	강아지 복실이 국민서관	한미호	◯
	꿀 독에 빠진 여우 학원출판공사	안선모	◯
	까르르 깔깔 미세기	이상교	◯
1학년 2학기 국어 (가)	나는 책이 좋아요 책그릇	앤서니 브라운	◯
	콩 한 알과 송아지 애플트리태일즈	한해숙	◯
	1학년 동시 교실 주니어김영사	김종삼 외	◯
	몰라쟁이 엄마 우리교육	이태준	◯
	몽몽 숲의 박쥐 두 마리 한국차일드아카데미	이혜옥	◯
	도토리 삼 형제의 안녕하세요 길벗어린이	이현주	◯
1학년 2학기 국어 (나)	소금을 만드는 맷돌 예림아이	홍윤희	◯
	나는 자라요 창비	김희경	◯
	숲속 재봉사 창비	최향랑	◯
	엄마 내가 할래요! 장영	장선희	◯
1학년 2학기 국어 활동	지구시간 동아일보	황중환	◯
	내 마음의 동시 1학년 계림북스	김상련	◯

2학년 1학기 국어 (가)	윤동주 시집 범우사	윤동주	◯
	우산 쓴 지렁이 현암사	오은영	◯
	내 별 잘 있나요 상상의 힘	이화주	◯
	아니, 방귀 뽕나무 사계절	김은영	◯
	아빠 얼굴이 더 빨갛다 리젬	김시민	◯
	딱지 따먹기 보리	백창우	◯
	아주 무서운 날 찰리북	탕무니우	◯
	으악, 도깨비다! 느림보	손정원	◯
	기분을 말해 봐요 다림	디디에 레비	◯
	오늘 내 기분은…… 키즈엠	메리앤 코카-레플러	◯
	내 꿈은 방울토마토 엄마 키위북스	허윤	◯
	우당탕탕 아이쿠 한국교육방송공사	(주)마로 스튜디오	◯
	깨롱깨롱 놀이 노래 보리	편해문 엮음	◯
	어린이가 정말 알아야 할 우리 전래 동요 현암사	신현득 엮음	◯
	작은 집 이야기 시공주니어	버지니아 리버튼	◯
	까만 아기 양 푸른나무출판	엘리자베스 쇼	◯

2학년 1학기 국어 (나)	큰 턱 사슴벌레 VS 큰 뿔 장수풍뎅이 스콜라	장영철	◯
	선생님, 바보 의사 선생님 웅진주니어	이상희	◯
	명품 유아 동요 영어 동요 150 G.M뮤직	곽진영 작사, 강수현 작곡	◯
	신기한 독 보리	홍영우	◯
	욕심쟁이 딸기 아저씨 노란돼지	김유경	◯
	치과 의사 드소토 선생님 비룡소	윌리엄 스타이그	◯
2학년 1학기 국어 활동	짝 바꾸는 날 도토리숲	이일숙	◯
	동무 동무 씨동무 창비	편해문 엮음	◯
	우리 동네 이야기 푸른책들	정두리	◯
	42가지 마음의 색깔 레드스톤	크리스티나 누녜스 페레이 라·라파엘 R. 발카르셀	◯
	머리가 좋아지는 그림책 — 창의력편 길벗스쿨	우리누리	◯
	내가 조금 불편하면 세상은 초록이 돼요 토토북	김소희	◯
	내가 도와줄게 비룡소	테드 오닐·제니 오닐	◯
	7년 동안의 잠 작가정신	박완서	◯

	수박씨 창비	최명란	◯
	참 좋은 짝 푸른책들	손동연	◯
	나무는 즐거워 비룡소	이기철	◯
	훨훨 간다 국민서관	권정생	◯
	김용택 선생님이 챙겨주신 1학년 책가방 동화 파랑새어린이	이규희	◯
	신발 속에 사는 악어 사계절	위기철	◯
2학년 2학기 국어 (가)	아홉 살 마음 사전 창비	박성우	◯
	신발 신은 강아지 스콜라	고상미	◯
	크록텔레 가족 교학사	파트리시아 베르비	◯
	산새알 물새알 푸른책들	박목월	◯
	저 풀도 춥겠다 부산알로이시오초등학교 3학년 학급문집	한영우(학생)	◯
	유치원 인기 동요 BEST 50 웅진주니어	웅진주니어 편집부	◯
	호주머니 속 알사탕 문학과지성사	이송현	◯
2학년 2학기 국어 (나)	콩이네 옆집이 수상하다! 문학동네	천효정	◯
	불가사리를 기억해 사계절	유영소	◯
	종이 봉지 공주 비룡소	로버트 문치	◯
	거인의 정원 웅진씽크하우스	오스카 와일드	◯

2학년 2학기 국어 (나)	나무들이 재잘거리는 숲 이야기 풀과바람	김남길	○
	언제나 칭찬 사계절	류호선	○
	팥죽 할멈과 호랑이 시공주니어	박운규	○
2학년 2학기 국어 활동	교과서 전래 동화 거인	조동호	○
	원숭이 오누이 한림출판사	채인선	○
	개구리와 두꺼비는 친구 비룡소	아널드 로벨	○
	엄마를 잠깐 잃어버렸어요 보림	크리스 호튼	○

초등 중학년(3~4학년) 국어 교과서 수록 도서

수록 학년과 교과서	책 제목 (출판사)	지은이	확인
3학년 1학기 국어 (가)	곱구나! 우리 장신구 한솔수북	박세경	○
	소똥 밟은 호랑이 영림카디널	박민호	○
	너라면 가만있겠니? 청개구리	우남희	○
	꽃 발걸음 소리 아침마중	오순택	○
	아! 깜짝 놀라는 소리 끝없는이야기	신형건	○
	바삭바삭 갈매기 한림출판사	전민걸	○
	책이 사라진 날 한솔수북	고정욱	○

3학년 1학기 국어 (가)	바람의 보물찾기 청개구리	강현호	◯
	삐뽀삐뽀 눈물이 달려온다 문학동네	김륭	◯
	리디아의 정원 시공주니어	사라 스튜어트	◯
	한눈에 반한 우리 미술관 사계절	장세현	◯
	플랑크톤의 비밀 예림당	김종문	◯
3학년 1학기 국어 (나)	꿈나무영등포 영등포구청	영등포구청	◯
	명절 속에 숨은 우리 과학 시공주니어	오주영	◯
	아씨방 일곱 동무 비룡소	이영경	◯
	개구쟁이 수달은 무얼 하며 놀까요? 재능아카데미	왕입분	◯
	프린들 주세요 사계절	앤드루 클레먼츠	◯
	알고 보면 더 재미있는 곤충이야기 뜨인돌어린이	김태우, 함윤미	◯
	짝 바꾸는 날 도토리숲	이일숙	◯
	축구부에 들고 싶다 창비	성명진	◯
	쥐눈이콩은 기죽지 않아 문학동네	이준관	◯
	만복이네 떡집 비룡소	김리리	◯
3학년 1학기 국어 활동	감자꽃 보물창고	권태웅	◯
	귀신보다 더 무서워 보리	허은순	◯
	아드님, 진지 드세요 좋은책어린이	강민경	◯

3학년 1학기 **국어 활동**	개똥이네 놀이터 보리	허정숙	◯
	종이접기 백선 5 종이나라	종이나라 편집부	◯
	도토리 신랑 보리	서정오	◯
	씨앗부터 나무까지 식물이 좋아지는 식물책 다른세상	김진옥	◯
	하루와 미요 문학동네	임정자	◯
	타임캡슐 속의 필통 창비	남호섭	◯
	바위나리와 아기별 길벗어린이	마해송	◯
3학년 2학기 **국어 (가)**	거인 부벨라와 지렁이 친구 주니어RHK	조 프리드먼	◯
	어쩌면 저기 저 나무에만 둥지를 틀었을까 만인사	이정환	◯
	까불고 싶은 날 창비	정유경	◯
	눈 코 귀 입 손! 위즈덤북	박행신	◯
	진짜 투명 인간 씨드북	레미 쿠르종	◯
	지렁이 일기 예보 비룡소	유강희	◯
	내 입은 불량 입 크레용하우스	경화봉화분교 어린이들	◯
3학년 2학기 **국어 (나)**	꼴찌라도 괜찮아! 휴이넘	유계영	◯
	온 세상 국기가 펄럭펄럭 웅진주니어	서정훈	◯
	이야기 할아버지의 이상한 밤 한림출판사	임혜령	◯
	무툴라는 못 말려! 국민서관	베벌리 나이두	◯

3학년 2학기 국어 활동	귀신 선생님과 진짜 아이들 사계절	남동윤 글	○
	가자, 달팽이 과학관 보리	보리 편집부	○
	꽃과 새, 선비의 마음 보림	고연희	○
	별난 양반 이 선달 표류기 1 웅진주니어	김기정	○
	알리키 인성 교육 1: 감정 미래아이	알리키 브란덴 베르크	○
	아인슈타인 아저씨네 탐정 사무소 주니어김영사	김대조	○
	숨 쉬는 도시 꾸리찌바 파란자전거	안순혜	○
	눈 베틀북	박웅현	○
4학년 1학기 국어 (가)	멋져 부러, 세발자전거 낮은산	김남중	○
	산 웅진닷컴	전영우	○
	동시마중 제31호	김자연	○
	100살 동시 내 친구 청개구리	한국동시문학회	○
	사과의 길 문학동네	김철순	○
	경주 최씨 부자 이야기 여원미디어	조은정	○
	나비를 잡는 아버지 효리원	현덕	○
	가끔씩 비 오는 날 창비	이가을	○
	우산 속 둘이서 21문학과문화	장승련	○
	맛있는 과학 — 6. 소리와 파동 주니어김영사	문희숙	○

4학년 1학기 국어 (가)	나무 그늘을 산 총각 꿈꾸는꼬리연	권규헌	◯
	경제의 핏줄, 화폐 미래아이	김성호	◯
	무지개 도시를 만드는 초록 슈퍼맨 스콜라	김영숙	◯
	조선 사람들의 소망이 담겨 있는 신사임당 갤러리 그린북	이광표	◯
	지붕이 들려주는 건축 이야기 현암주니어	남궁담	◯
	쩌우 까우 이야기 창비	김기태 엮음	◯
	아름다운 꼴찌 주니어RHK	이철환	◯
	초록 고양이 사계절	위기철	◯
4학년 1학기 국어 (나)	알고 보니 내 생활이 다 과학! 예림당	김해보, 정원선	◯
	콩 한 쪽도 나누어요 열다	고수산나	◯
	생명, 알면 사랑하게 되지요 더큰아이	최재천	◯
	세종 대왕, 세계 최고의 문자를 발명하다 보물창고	이은서	◯
	세계 속의 한글 박이정출판사	홍종선	◯
	주시경 비룡소	이은정	◯
	나 좀 내버려 둬 길벗어린이	박현진	◯
	두근두근 탐험대 (1부 모험의 시작) 보리	김홍모	◯
	비빔툰 9 (끝은 또 다른 시작) 문학과지성사	홍승우	◯

4학년 1학기 국어 활동	내 맘처럼 열린어린이	최종득	◯
	고래를 그리는 아이 시공주니어	윤수천	◯
	이솝 이야기 아이즐	이솝 원작, 차보금 엮음	◯
	꽃신 사파리	윤아해	◯
	아는 길도 물어 가는 안전 백과 풀과바람	이성률	◯
	신기한 그림 족자 비룡소	이영경	◯
	놀면서 배우는 세계 축제1 봄볕	유경숙	◯
	가을이네 장 담그기 책읽는곰	이규희	◯
4학년 2학기 국어 (가)	오세암 창비	정채봉	◯
	매일매일 힘을 주는 말 개암나무	박은정	◯
	세상에서 가장 유명한 위인들의 편지 채우리	오주영 엮음	◯
	사라, 버스를 타다 사계절	윌리엄 밀러	◯
	콩닥콩닥 짝 바꾸는 날 시공주니어	강정연	◯
	젓가락 달인 바람의아이들	유타루	◯
4학년 2학기 국어 (나)	5000년 한국 여성 위인전 1 혼진피앤엠	신현배	◯
	정약용 비룡소	김은미	◯
	사흘만 볼 수 있다면 그리고 헬렌 켈러 이야기 두레아이들	헬렌 켈러	◯
	어머니의 이슬 털이 북극곰	이순원	◯

4학년 2학기 국어 (나)	투발루에게 수영을 가르칠 걸 그랬어! 미래아이	유다정	○
	우리 속에 울이 있다 푸른책들	박방희	○
	쉬는 시간에 똥 싸기 싫어 토토북	김개미	○
	지각 중계석 문학동네	김현욱	○
	멸치 대왕의 꿈 키즈엠	천미진	○
4학년 2학기 국어 활동	아들아, 너는 미래를 이렇게 준비하렴 글고은	필립 체스터필드	○
	100년후에도읽고싶은한국명작동화 II 예림당	한국명작동화선정위원회	○
	두고두고 읽고 싶은 한국 대표 창작 동화 3 계림북스	이원수	○
	함께 사는 다문화 왜 중요할까요? 나무생각	홍명진	○
	우리 조상들은 얼마나 책을 좋아했을까? 보물창고	마술연필	○
	초희의 글방 동무 개암나무	장성자	○
	멋진 사냥꾼 잠자리 길벗어린이	안은영	○
	자유가 뭐예요? 상수리	오스카 브르니피에	○
	고학년을 위한 동요 동시집 상서각	김형경	○
	기찬 딸 시공주니어	김진완	○

초등 고학년(5~6학년) 국어 교과서 수록 도서

수록 학년과 교과서	책 제목 (출판사)	지은이	확인
5학년 1학기 국어	참 좋은 풍경 청개구리	박방희	○
	어린이를 위한 시크릿: 꿈을 이루는 일곱 가지 비밀 살림어린이	김현태·윤태익	○
	별을 사랑하는 아이들아 푸른책들	윤동주	○
	난 빨강 창비	박성우	○
	가랑비 가랑가랑 가랑파 가랑가랑 사계절	정완영	○
	수일이와 수일이 우리교육	김우경	○
	마음의 온도는 몇 도일까요? 주니어김영사	정여민	○
	색깔 속에 숨은 세상 이야기 아이세움	박영란·최유성	○
	브리태니커 만화 백과: 여러 가지 식물 아이세움	봄봄 스토리	○
	공룡 대백과 웅진주니어	한상호·이용규·박지은	○
	생각이 꽃피는 토론2 이비락 2018	황연성	○
	여행자를 위한 나의 문화유산 답사기2 창비	유홍준	○
	바람 소리 물소리 자연을 닮은 우리 악기 문학동네	청동말굽	○
	지켜라! 멸종 위기의 동식물 뭉치	백은영	○
	청자의 이해 지도에 관한 연구(2003) 미술 교육 농촌 17	류재만	○
	잘못 뽑은 반장 주니어김영사	이은재	○

	바다가 튕겨 낸 햇님 청개구리	박희순	◯
	니 꿈은 뭐이가? 웅진주니어	박은정	◯
	어린이 문화재 박물관 2 사계절	문화재청 엮음	◯
	전통 속에 살아 숨 쉬는 첨단 과학 이야기 교학사	윤용현	◯
5학년 2학기 국어	악플전쟁 별숲	이규희	◯
	뻥튀기는 속상해 푸른책들	한상순	◯
	고맙습니다, 선생님 아이세움	패트리샤 폴라코	◯
	파브르 식물 이야기 사계절	장 앙리 파브르	◯
	한지돌이 보림	이종철	◯
	꿈을 찾아 떠나는 여행 미래엔	기은서(학생 작품)	◯
	뻥튀기 주니어이서원	고일	◯
	내 마음의 동시 6학년 계림북스	심후섭	◯
	가랑비 가랑가랑 가랑파 가랑가랑 사계절	정완영	◯
	황금 사과 뜨인돌어린이	송희진	◯
6학년 1학기 국어	우주 호텔 해와나무	유순희	◯
	속담 하나 이야기 하나 산하	임덕연	◯
	등대섬 아이들 신아출판사	주평	◯
	말대꾸하면 안 돼요? 창비	배봉기	◯
	조선 왕실의 보물 의궤 토토북	유지현	◯

6학년 1학기 국어	얘, 내 옆에 앉아! 푸른책들	노원호	◯
	불패의 신화가 된 명장 이순신 웅진씽크빅	이강엽	◯
	샘마을 몽당깨비 창비	황선미	◯
	아버지의 편지 함께읽는책	정약용 글, 한문희 엮음	◯
6학년 2학기 국어	의병장 윤희순 한솔수북	정종숙	◯
	구멍 난 벼루 토토북	배유안	◯
	열두 사람의 아주 특별한 동화 파랑새	송재찬	◯
	이모의 꿈꾸는 집 문학과지성사	정옥	◯
	노래의 자연 시인생각	정현종	◯
	생각 깨우기 푸른숲주니어	이어령	◯
	지구촌 아름다운 거래 탐구 생활 파란자전거	한수정	◯
	사회 선생님이 들려주는 공정무역 이야기 살림출판사	전국사회교사모임	◯
	배낭을 멘 노인 문공사	박현경·김운기 원작, 김주연 각색	◯
	완희와 털복숭이 괴물(샬럿의 거미줄) 도서출판 연극, 놀이 그리고 교육	조셉 로비넷	◯
	쉽게 읽는 백범 일지 돌베개	김구	◯
	장복이, 창대와 함께하는 열하일기 한국고전번역원	박지원 원작, 강민경 글	◯
	아트와 맥스 시공주니어	데이비드 위즈너	◯
	나는 비단길로 간다 푸른숲주니어	이현	◯
	식구가 늘었어요 청개구리	조영미	◯

현직 교사가 알려 주는
문해력 플러스 50

1판 1쇄 발행   2023년 11월 25일

지은이 배혜림
발행인 조상현
마케팅 조정빈   **편집인** 정지현   **디자인** 페이퍼컷 장상호

발행처 더디퍼런스
등록번호 제2018-000177호
주소 경기도 고양시 덕양구 큰골길 33-170(오금동)
문의 02-712-7927   **팩스** 02-6974-1237
이메일 thedibooks@naver.com   **홈페이지** www.thedifference.co.kr

ISBN 979-11-6125-432-6 03370